Sonia Souid
Avec la collaboration de Dominique Rouch

TOUCHE PAS À MON Qi !

UNE FEMME AGENT DE JOUEURS, ET ALORS ?

COMMENT LE SEXISME GANGRÈNE LE FOOT FRANÇAIS

SOLAR

ISBN : 978-2-263-19018-6
Code éditeur : L19018/01
Dépôt légal : janvier 2025

Retrouvez-nous sur www.lisez.com
serviceclients@lisez.com

Solar, un département d'Édi8
92, avenue de France
75013 Paris

À mes parents et mes enfants.
Les premiers m'ont donné la vie,
les seconds, une raison de vivre.

« […] c'est dans la droite ligne de ce mouvement de réappropriation de leurs corps par les femmes que s'inscrit le mouvement actuel contre les violences sexuelles. Il s'agit une nouvelle fois de défendre nos corps, nos choix, notre liberté. Les femmes ne veulent pas qu'on leur impose une main aux fesses, un contact non désiré, une évocation sexuelle non sollicitée. Elles ne veulent plus que les hommes viennent et se servent comme si elles étaient un étal de fruits et légumes. Elles veulent vivre comme des êtres humains à part entière, libres de leurs corps, de leurs vies, de leurs choix. Elles veulent être reconnues comme des égales. Et cela, c'est le féminisme. »

Extrait du livre *Les grandes oubliées. Pourquoi l'histoire a effacé les femmes,*
de Titiou Lecoq.

Avant-propos

Je m'appelle Sonia Souid, je suis agent de football. Je fais partie du petit nombre de femmes en France à exercer ce métier et à en vivre. Cette particularité devrait être soulignée, et pourtant... si vous tapez mon nom sur Internet, rien de ce que j'ai accompli professionnellement n'apparaîtra. En tout cas, pas dans les premières pages... Vous lirez que je suis « une victime présumée... », que « j'ai souhaité porter plainte pour harcèlement » ou encore que « mon président me voit comme deux seins et un cul ». C'est comme ça que je suis identifiée. Vous devrez descendre très bas, jusqu'à la onzième page pour, enfin, tomber par miracle sur un article qui évoque l'un des « gros coups » réalisés dans ma carrière. Lisez-le attentivement car, juste en dessous, une biographie datant de 2015 au titre accrocheur – « Elle affole la planète foot » – me présente sous un autre angle : celui d'une femme dans un monde d'hommes. Une femme mais surtout une *Miss*. Oui, parce que dans ma toute première vie, j'ai été élue Miss Auvergne. Une aubaine pour les journalistes qui ne manquent jamais une occasion de retracer mon passé de « Reine de beauté » dès qu'il s'agit d'écrire un article sur moi. La success-story d'une Miss devenue agent de foot fait vendre, paraît-il. Reconnaissons que le parcours n'est pas banal, et l'histoire plutôt croustillante. Surtout lorsque l'agent en question attaque publiquement le président de la Fédération française de football et contribue à sa chute !

On se croirait dans une série Netflix. Pourtant, non, ce n'est pas une fiction, c'est ma vie. Et cette vie, je l'assume, tout comme mon passé de Miss, mon combat pour les femmes et, aujourd'hui, ce livre que je publie et dans lequel je balance ce que j'ai sur le cœur. Sans masque, sans langue de bois. Je suis cash, et tant pis pour ceux qui s'offusqueront en pensant que je fais preuve d'opportunisme. Qui m'aime me suive.

J'ai mis des années à me faire une place dans le milieu du football, ce milieu d'hommes, encore trop misogyne et machiste. Des années à encaisser des réflexions dévalorisantes, des comportements déplacés, des mises à l'écart, jusqu'au jour où j'ai subi l'humiliation suprême de la part du boss du foot français. À ce moment-là, deux options s'offraient à moi : courber l'échine et continuer mon chemin ou tout faire péter. Le choix a été vite fait, parce que depuis toute petite j'ai un tempérament bien trempé, parce que j'ai une fille, une petite sœur et je refuse qu'elles vivent ce que moi, j'ai vécu. Et parce que, nom d'un chien, on est en 2025 ! Plus aucune d'entre nous ne devrait avoir à subir ça !

Ce livre s'adresse à elles, et à toutes les femmes qui souffrent sans oser parler.

Il s'adresse également à tous les hommes qui n'ont toujours pas compris que la société a changé, et qu'aujourd'hui les femmes ont décidé de ne plus se laisser faire. Et parmi ces hommes, il y a vous, Monsieur Le Graët, vous, l'ancien président de la Fédération française de football. Vous qui m'avez fait tant de mal. Je vous rassure, vous n'avez pas été le seul. Il y en a eu d'autres. Beaucoup d'autres. Mais il faut reconnaître que vous, vous n'y êtes pas allé avec le dos de la cuillère !

À l'époque, je n'avais que 28 ans. J'étais timide, manquais cruellement de confiance en moi. Jamais je n'aurais eu le courage de me rebeller ou de prendre la plume, mais aujourd'hui, à l'aube de mes 40 ans, et deux ans après avoir dénoncé publiquement votre comportement déplacé à mon égard, je me sens enfin libre. Je n'ai plus peur d'être jugée, critiquée, ou victime de représailles. Je suis bien dans ma tête et dans ma peau. En phase avec mes valeurs, mes principes et la personne que je suis devenue. Et c'est, précisément, pour toutes ces raisons que j'ai décidé d'écrire ce livre.

Loin de moi l'idée de revendiquer une quelconque idéologie ou de régler mes comptes. Je ne ressens aucun sentiment de vengeance, aucune amertume, seulement le besoin d'exprimer, par mon histoire, les raisons qui m'ont donné le courage de parler.

Je souhaite à travers ces pages transmettre un message d'espoir à toutes celles qui vivent ou ont vécu des situations similaires à la mienne mais aussi partager les émotions qui ont jalonné mon ascension dans le monde du football, jusqu'à notre rencontre et bien après. Alors oui, vous n'échapperez pas à ma plume parfois acerbe. Pourtant, selon l'avis de certains, votre attitude à mon égard n'a jamais franchi la ligne rouge. Rappelons que vous avez été blanchi par la justice le 17 octobre 2024, concernant les accusations de harcèlement moral et sexuel qui pesaient sur vous. Je devrais donc me taire et ne pas en faire tout un plat. Ce n'est pas mon genre... Trop de femmes restent encore muselées par la peur de perdre leur emploi ou d'être marginalisées, pour que je garde le silence moi aussi. J'ai souhaité m'exprimer en leurs noms en espérant les aider à trouver le courage de prendre la parole à leur tour. Les hommes comme vous doivent aujourd'hui rendre des comptes.

Quel que soit le milieu dans lequel nous travaillons, quel que soit notre rang social, nous avons toute notre place parmi vous, y compris dans ce monde impitoyable et sexiste du football. Faut-il être inconsciente ou naïve pour se lancer dans une carrière d'agent de joueurs lorsqu'on est une jeune fille de 25 ans ! Je l'ai fait. Remplie de rêves et d'illusions, j'ai tenté l'aventure et j'ai très vite compris que mes compétences ne seraient hélas pas un gage de légitimité. Mon statut de femme reprenait inévitablement le dessus. J'ai tenu bon, forte de la promesse que je m'étais faite d'y arriver et j'y suis arrivée.

Vous savez, rien dans ma vie ne m'a été donné. Personne ne m'a fait de cadeau. J'ai trimé sans relâche, consenti à de gros sacrifices, parce que le milieu du football est ultra-concurrentiel mais aussi parce que je suis une femme. J'ai traversé de longues années d'errance jusqu'à l'obtention de ma licence, surmonté des obstacles et mené de nombreux combats pour devenir l'agent que je suis ! Longtemps, très longtemps, je me suis sentie dans la peau d'une éternelle illégitime. Condamnée avant même d'avoir essayé. Puis, à force d'acharnement, en gravissant une à une les montagnes qui se dressaient face à moi, j'ai réussi à atteindre ce que je pensais être le sommet : rencontrer l'homme le plus puissant du football français. Certainement pas d'égal à égal, mais de professionnel à professionnel. Cet homme, c'était vous.

Lorsque vous avez accepté de me recevoir pour, je cite, « discuter et concrétiser mes idées », j'avoue y avoir cru. Pourquoi me serais-je méfiée de vous alors que vous avez tant œuvré pour le football féminin et plus encore pour la place des femmes à des postes à responsabilités, en les nommant directrice générale de la Fédération, vice-présidente, secrétaire générale, sélectionneuse de l'équipe nationale féminine, et j'en passe...

Alors que vous auriez pu m'encourager, me donner ce précieux élan, cette reconnaissance nécessaire pour avoir la force de progresser, d'aller encore plus loin, car vous en aviez le pouvoir, vous avez préféré me rabaisser, réduire à néant des années de travail acharné pour ne laisser place qu'à vos instincts primaires et à votre ego surdimensionné. Car il n'est question que de cela. En occultant mon cerveau et en ne voyant que mon jeune corps comme une gourmandise à vous mettre sous la dent, vous avez fait beaucoup de mal à la jeune femme agent sportif FFF qui se présentait devant vous pleine de rêves et de fierté. Pourtant, vous ne m'avez ni violée, ni même agressée sexuellement. Alors, me direz-vous, tout ça pour ça ? Reste à se mettre d'accord sur les mots « ça » et « ça ». Pour vous, ils sont probablement vides de sens et d'affect. Pour moi, ils débordent de colère, d'humiliation et d'injustice. En écho à votre phrase : « Je n'ai rien fait de mal ! » je réponds : « Vous m'avez fait mal, très mal. » C'est en lisant ces pages que vous comprendrez, je l'espère, ce que j'ai ressenti en claquant la porte de votre appartement.

Non, Monsieur Le Graët, je ne suis pas que deux seins et un cul, je suis aussi un être humain, un esprit, une femme sensible, une maman et, ne vous en déplaise, une professionnelle du football reconnue aujourd'hui.

J'ai longtemps espéré des excuses de votre part, qui ne sont jamais arrivées. Non seulement vous n'avez pas exprimé le moindre regret, mais vous avez balayé d'un revers de main ma souffrance et celle de toutes les femmes qui ont subi vos comportements déplacés. En nous traitant de menteuses, vous avez réveillé ma colère, et c'est la raison pour laquelle j'ai pris la décision, ce 9 janvier 2023, de témoigner contre vous pour rétablir la vérité. Croyez-moi, je l'ai payé cher, très cher, mais je ne regrette rien, et si c'était à refaire, je le referais. Je ne souhaitais pas provoquer votre chute, elle avait d'ailleurs commencé bien avant. Au moment où mon témoignage a été rendu public, vous vous étiez déjà bien « abîmé ». Tout seul comme un grand. Peut-être ai-je été la goutte d'eau qui a fait déborder le vase ?

Quel gâchis ! Cette triste fin de règne a terni l'ensemble de votre œuvre. Et quelle œuvre ! Nous n'oublierons pas que vous avez contribué à faire rayonner la Fédération française de football dans le monde entier, nous n'oublierons pas que, de la ruine que vous avez récupérée en 2011 après le fiasco des Bleus à Knysna, vous avez fait de cette équipe de France une cathédrale. En grande partie grâce à vous, nous sommes redevenus champions du monde, et pour tout cela, nous vous remercions. Mais il ne suffit pas d'être un grand homme et de réaliser de grandes choses, vous vous deviez aussi d'être exemplaire. Comme dit l'adage : « Un grand pouvoir implique de grandes responsabilités. »

Si seulement vous en aviez eu conscience, rien de tout cela ne serait arrivé…

Chapitre 1

CE GENRE D'HUMILIATION QUI MET K-O

Je suis une fonceuse, je n'ai pas froid aux yeux. Je ne lâche rien. Pour moi, rien n'est impossible dès lors qu'on travaille, qu'on reste humble, déterminé, et qu'on résiste aux tentatives de déstabilisation. Je bannis les phrases comme « c'est trop difficile » ou « tu n'y arriveras jamais ». Si j'avais dû écouter ceux qui ont essayé de me décourager, je n'en serais pas là aujourd'hui. La vie, c'est « marche ou crève » ; j'ai choisi de marcher et vite. Quand j'ai une idée en tête, je me bats pour la concrétiser. Depuis que je suis devenue agent, j'ai réalisé de gros « coups » dont je suis fière et ne compte pas m'arrêter en si bon chemin.

J'ai 25 ans quand j'obtiens ma licence d'agent sportif FFF. Je brandis cette simple carte plastifiée fièrement car, naïvement, je pense enfin avoir intégré la grande famille du football français. J'ai une haute opinion de ce sport qui véhicule des valeurs auxquelles j'adhère totalement : le respect de l'autre, le dépassement de soi, la tolérance et la solidarité. Sans oublier son côté fédérateur et porteur de rêves les plus fous. En tant que Française, d'origine algérienne, c'est un honneur de représenter une des fédérations les plus importantes au monde qui a brillé par la qualité de ses formations à l'étranger, en Afrique et en Algérie notamment. Oui, je suis fière d'être agent FFF. J'ignore encore tous les rouages de cet univers et ne perçois donc que les aspects positifs.

Consciente d'évoluer dans un milieu très fermé, peu accessible aux jeunes recrues comme moi, je sais que si je ne pousse pas les portes, on ne viendra pas me chercher. Alors j'avance, j'ose, au risque d'essuyer des échecs. Mon statut de femme, bien que très souvent malmené dans cet univers, je le laisse de côté en me fiant à mes compétences et à mon travail qui, j'en suis certaine, seront reconnus à leur juste valeur.

C'est pour cette raison que, au mois d'août 2013, je décide de franchir un cap et de contacter le président de la FFF afin de lui soumettre quelques propositions concernant le football féminin.

Je ne l'ai jamais rencontré auparavant. Je ne le connais qu'à travers les médias mais j'avoue être impressionnée par le parcours professionnel de cet homme qui s'est construit tout seul. Maire de Guingamp, grand chef d'entreprise et surtout président du club de foot local, l'En Avant Guingamp qu'il a fait passer du statut d'amateur à celui de professionnel avec, pour point d'orgue, la victoire en finale de la Coupe de France 2008-2009 ainsi que les participations en Coupe d'Europe – UEFA et Ligue Europa. Quel parcours ! Cela force le respect.

En 2019, je découvre la ville bretonne à l'occasion de la signature de mon client, Patrice Lair, comme coach de l'équipe masculine. Bertrand Desplat, le gendre de

Noël Le Graët, qui a repris la présidence du club, nous fait visiter les infrastructures. Je reste ébahie. L'En Avant Guingamp ressemble à un petit Real Madrid avec ses terrains en herbe, ses pelouses synthétiques, une plaine de jeu, des salles médicales et de musculation ainsi que des bâtiments flambant neufs pour héberger les pensionnaires du centre de formation. Je suis admirative de la qualité des installations. Tout ça pour une commune de sept mille habitants à peine ! Cela me motive encore plus pour trouver les moyens d'aider ma ville natale, Clermont-Ferrand, et son club, le Clermont Foot, qui végète en Ligue 2 alors que nous sommes au moins trente fois plus nombreux et n'avons pas le dixième de ces ressources à disposition.

Je comprends mieux pourquoi M. Le Graët est considéré comme un modèle et une référence aux yeux de la population locale. Il n'a jamais oublié d'où il venait. Ce qu'il a fait pour Guingamp n'a pas de prix. Un exemple à suivre à ce niveau-là.

À cette époque, je le vois comme le symbole même de la puissance et de la réussite. Peu m'importent les rumeurs qui circulent à son sujet comme, par exemple, son goût prononcé pour l'alcool ou le surnom de Napoléon dont il est affublé. Il reste le patron du foot français, auquel je dois, coûte que coûte, m'adresser.

Je sais bien que les chances de « l'atteindre » sont infiniment petites. Mais qu'ai-je à perdre ? Quand on vient de tout en bas, on ne risque pas de dégringoler encore plus bas. La vie m'a fait comprendre que personne ne me tendra la main pour avancer, c'est à moi de pousser les murs.

En ce mois d'août 2013, je viens d'intégrer CSM Sport & Entertainment, le quatrième groupe mondial spécialisé dans l'organisation d'événements majeurs tels que les Jeux olympiques, la Coupe du monde, les négociations de droits télévisuels, les conseils auprès des marques et clubs les plus prestigieux ainsi que la gestion et l'accompagnement des sportifs et des athlètes de différents sports. Enfin je me sens légitime ! J'ai une adresse e-mail pro, des cartes de visite que je distribue fièrement à tour de bras, des bureaux magnifiques, de gros moyens à ma disposition. J'ai le sentiment d'appartenir au petit monde fermé du football. CSM, c'est le nec plus ultra en matière de sport. S'ils m'ont engagée, c'est que je suis forcément compétente, non ?

Cet après-midi-là, je travaille à mon bureau, la journée est calme, aucun rendez-vous n'est programmé. Je prends alors mon courage à deux mains et décide d'écrire un mail au président. Une sorte de bouteille à la mer que je lance sans me faire trop d'illusion : dans le meilleur des cas, je serai rappelée par l'un de ses collaborateurs sinon – et c'est le cas le plus probable – je ne recevrai aucune réponse. De toute façon, je ne suis plus à un vent près ! Je m'en suis tellement pris depuis le début de ma carrière ! Je me demande même comment je ne me suis pas envolée.

Toujours bien assise sur le fauteuil de mon nouveau bureau, je me cramponne, et envoie le message sans faire de plan sur la comète. Je me dis juste : mieux vaut s'adresser à Dieu qu'à ses saints. S'il existe une seule personne qui a le pouvoir de concrétiser mes projets, c'est bien lui.

Mon idée est simple : je veux organiser un shooting photo des deux équipes de France, féminine et masculine, avec le slogan suivant : *We are one !* Personne n'y avait jamais pensé et pourtant, cela me semble évident ; que l'on soit un homme ou une femme, nous portons le même maillot. Il n'existe donc pas deux équipes de France, mais une seule.

J'y crois dur comme fer, alors je me lance :

> 16 août 2013,
>
> *Bonsoir M. Le Graët,*
>
> *J'espère que vous vous portez bien. Je suis Sonia Souid, agent sportif FFF depuis 2010. Je suis également présidente de l'association Ballon aiguille, qui aide au développement et à la promotion des sports collectifs au féminin, ayant été moi-même joueuse de haut niveau de volley-ball.*
>
> *J'aurais aimé vous rencontrer si possible, ou au moins vous parler au téléphone, concernant différents sujets allant du rapprochement de la FFF avec des fédérations telles que celles des Émirats et Oman, à des projets pouvant aider au développement du football féminin en France.*
>
> *Donc si nous pouvions convenir d'un court rendez-vous téléphonique ce serait parfait.*
>
> *Je tâcherai d'être efficace.*
>
> *Vous trouverez ci-jointe une photo, celle de Marie-Laure Delie lors de la signature au PSG. J'aime énormément le football féminin et, en tant qu'agent, je m'y intéresse de très près.*
>
> *Merci à vous.*
>
> *Bien à vous.*

Même s'il ne réagit pas, j'espère qu'il prendra quand même la peine de lire mon mail car je possède une petite renommée dans le métier : je suis le premier agent à avoir fait signer un joueur émirati dans un club européen de haut niveau. Je représente également plusieurs joueuses internationales. J'ai d'ailleurs réalisé le premier transfert payant du football féminin français entre Montpellier et le PSG. Cela semble dérisoire mais jamais un club n'avait déboursé le moindre centime pour s'offrir les services d'une joueuse. Aujourd'hui, onze ans plus tard, les transferts payants dans le foot féminin français peuvent encore se compter sur les doigts des deux mains.

Je me penche sur mes dossiers, oubliant presque le mail que je viens d'envoyer quand, deux heures plus tard, la sonnerie de mon téléphone retentit. Je n'identifie pas le numéro mais, dans le doute, décroche :

« Bonjour Madame Souid, Noël Le Graët à l'appareil », me dit-il d'une voix doucereuse.

Mon cœur fait trois loopings. Je n'aurais jamais imaginé qu'il me rappellerait si rapidement. D'ailleurs, je ne pensais même pas qu'il prendrait la peine de lever son téléphone. J'hallucine grave. Il a sans doute entendu parler de moi. Peut-être par Jean-Michel Aulas dont il est très proche. C'est dingue !

« Bonjour Président, merci de me rappeler. Vous faites donc suite à mon mail, lui dis-je d'une voix crispée.

– Absolument. Je suis actuellement en vacances en Martinique. Il m'est difficile d'échanger avec vous aujourd'hui, mais je ne manquerai pas de vous rappeler à mon retour.

– Je vous remercie, Monsieur. Au revoir.

– Au revoir Madame. »

Je raccroche, tout en restant clouée sur mon siège. Statufiée. Je n'ai pas rêvé. C'est bien la voix de M. Noël

Le Graët que j'ai entendue ! Je suis tellement flattée qu'il ait pris quelques minutes sur son temps de vacances pour me répondre ! J'espère vraiment qu'il tiendra son engagement.

Effectivement, deux mois plus tard, en octobre 2013, il me contacte pour convenir d'un petit déjeuner au restaurant Le Murat dans le 16e arrondissement de Paris. Nous prenons date.

L'ambition de faire évoluer le football féminin, je la porte depuis de nombreuses années. Je m'attelle à ce dossier sans relâche et m'efforce de ne jamais me décourager malgré les obstacles qui se dressent sur mon chemin. La chance d'être écoutée par le président ne se renouvellera pas, alors je prépare mon rendez-vous minutieusement, plusieurs jours à l'avance. Je ne dois pas laisser passer cette opportunité. J'anticipe toutes les questions qu'il serait susceptible de me poser. Rien n'est laissé au hasard. Tout est millimétré. J'ai plusieurs projets à lui soumettre, mais n'en retiendrai qu'un seul car je sais que mon temps sera compté. Aller à l'essentiel, ne pas s'éparpiller et surtout parvenir à le convaincre.

Mon idée est géniale, j'en suis persuadée.

Le jour J arrive enfin. Je suis extrêmement concentrée. Dans les starting-blocks. Le stress monte, je le gère plutôt bien. En règle générale, la pression me galvanise, me sublime. Sauf que là, je suis sur le point de rencontrer le président de la FFF en personne, alors forcément, je n'en mène pas large. Je choisis une tenue vestimentaire sobre et élégante. Un pantalon et un pull noirs. Je n'ai que 28 ans et crains que mon âge ne représente un handicap, alors pour me vieillir un peu et paraître plus crédible, j'opte pour un grand manteau noir et un foulard que je noue autour de mon cou. Un coup d'œil dans le miroir, je file.

Je marche d'un pas assuré et me remémore tout ce que j'ai accompli depuis le début de ma carrière, histoire de me donner du courage.

J'arrive devant le restaurant. Je cherche du regard le président et l'aperçois attablé en retrait de la grande salle.

« Vous avez réservé ? me demande l'hôtesse en s'approchant de moi.

– J'ai rendez-vous avec M. Noël Le Graët. »

Je suis vachement fière de prononcer son nom !

La jeune femme m'invite à la suivre. À peine m'aperçoit-il qu'il se lève pour m'accueillir. La différence de taille entre lui et moi me surprend. Il faut dire que je porte des bottes à talons, ce qui rajoute dix centimètres à mon mètre quatre-vingt-un... C'est un grand homme, me dis-je, mais vraiment très petit.

« Bonjour Madame Souid, me salue-t-il courtoisement tout en me priant de m'asseoir.

– Bonjour Monsieur Le Graët. »

Il est souriant, extrêmement poli et fait en sorte de me mettre à l'aise :

« Que voulez-vous commander ?

– Un café, un croissant et un jus d'orange, s'il vous plaît. »

J'engage immédiatement la conversation pour détendre l'atmosphère et me déstresser par la même occasion.

« Vous avez passé un bel été ? Pourquoi la Martinique ?

– J'y possède une maison de famille. Dès que j'ai quelques jours de répit, j'aime partir là-bas avec mon épouse, mes filles et mes petits-enfants. Cet endroit me détend et me dépayse. » Puis il enchaîne en orientant la discussion sur la cause féminine. « Je connais bien le sujet, me dit-il en souriant. J'ai moi-même trois filles. »

J'en profite alors pour engager la conversation sur ce sujet qui me tient tant à cœur :

« Puisque vous êtes père de trois filles, vous allez sûrement me comprendre. Vous savez à quel point la cause des femmes dans le football est importante pour moi. Il faut absolument valoriser le foot féminin car les joueuses sont méconnues. Selon moi, un des moyens les plus efficaces est d'utiliser la notoriété de l'équipe masculine pour la mettre au service de l'équipe féminine. »

Le président m'écoute attentivement, ce qui m'encourage à poursuivre.

« C'est pour cette raison que je vous propose de faire une photo réunissant les deux équipes de France car, au final, peu importe que l'on soit un homme ou une femme, nous portons le même maillot.

– Vous avez raison... »

Ses réponses sont laconiques, peu engageantes, cependant j'ai le sentiment qu'il est bien disposé à m'écouter. Son regard est vif. J'en profite pour développer mon argumentation.

« Personne n'a jamais eu l'idée de cette photo. Nous devons la faire dans un premier temps. Puis, dans un second temps, je propose que nous réalisions de petites vidéos mettant en scène un joueur et une joueuse sur un terrain. Je vous donne un exemple : imaginer le gardien de l'équipe de France, Hugo Lloris, donner des conseils à son homologue féminin, Sarah Bouhaddi, et vice versa. La grande majorité des fans découvriront alors Sarah et mémoriseront le fait qu'elle est la gardienne de l'équipe de France féminine grâce à la notoriété d'Hugo Lloris. Je n'ai pas inventé l'eau chaude, ce que je propose est juste logique. De plus, je suis persuadée qu'ils apprendraient l'un de l'autre et passeraient un super moment !

– Je suis d'accord mais ce que vous proposez est très difficile à mettre en place. On ne mobilise pas les joueurs de l'équipe de France en un claquement de doigts. »

Comme si je ne le savais pas ! Heureusement, j'avais anticipé cette remarque. Je renchéris :

« Oh ! non, Monsieur Le Graët ! Je ne vois rien de compliqué, bien au contraire. La majorité des joueuses évoluent dans des clubs français, à deux ou trois heures de train de la capitale. Sans compter celles qui jouent au PSG, donc à Paris. Elles auront la possibilité de se déplacer très facilement. »

Il semble dubitatif et tente de me raisonner. Mais à chaque objection, je trouve une parade. J'ai réponse à tout.

« Profitons d'un rassemblement de l'équipe masculine à Clairefontaine pour inviter les joueuses. Je suis certaine que les dirigeants de leurs clubs respectifs les libéreront pour la bonne cause. »

Sans que je ne comprenne pourquoi, le visage de mon interlocuteur se ferme subitement, je le sens agacé et prêt à mettre un terme à mon monologue.

« Écoutez, Madame Souid, j'ai entendu ce que vous aviez à me dire, je suis désolé, mais j'ai un autre rendez-vous. Nous prendrons le temps de développer tout cela ultérieurement », me lance-t-il en se levant de sa chaise.

Nous quittons la table pour nous diriger vers la sortie. Il me salue puis s'engouffre dans une voiture noire garée devant la porte.

Je reste quelques instants sur le trottoir, interloquée par la fin brutale et inexplicable de notre discussion, mais plutôt satisfaite de ce rendez-vous. Certes, il m'a expédiée rapidement, mais j'ai quand même réussi à lui exposer mon idée. J'espère, au moins, l'avoir sensibilisé à la cause. Tout aussi motivée qu'à mon arrivée, je ne compte pas lâcher l'affaire. S'il ne me donne pas signe de vie prochainement, je le relancerai.

Bouillonnante d'idées sur le développement du football féminin, je continue de travailler pour faire avancer mes différents dossiers. J'ai en tête un projet inédit, et a priori totalement fou, que j'aimerais pourtant concrétiser. Avant de m'y atteler, je dois recueillir un avis extérieur. Le mieux placé pour me conseiller est sans aucun doute M. Noël Le Graët ! Qu'à cela ne tienne, je vais lui passer un coup de fil. Notre premier rendez-vous ayant eu lieu quelques semaines avant, il se souviendra de moi ! Sans l'ombre d'une hésitation, je compose son numéro. Après trois sonneries, j'atterris sur sa messagerie. Je raccroche, préférant le rappeler un peu plus tard. Mais à ma grande surprise, il me rappelle quelques minutes après. J'apprendrai par la suite que cette façon de faire est habituelle chez lui. Ne jamais décrocher au premier appel…

« Bonjour Monsieur, j'ai juste une question à vous poser. J'aimerais convaincre un président de club de Ligue 1 ou Ligue 2 de faire confiance à une femme pour devenir entraîneur de son équipe professionnelle masculine. Qu'en pensez-vous ? »

Un ange passe…

« Monsieur Le Graët ? Vous êtes toujours là ?

– Vous plaisantez ? me répond-il.

– Pas du tout. Réfléchissez bien, car votre avis est important pour moi.

– Votre projet est irréalisable. C'est impossible. » Il raccroche.

Alors là... c'est la cata ! Je viens littéralement de perdre la face devant le big boss. Si je lui avais proposé d'engager E.T. en personne, il n'aurait pas réagi différemment. Il me prend pour une allumée ! Mais il est hors de question que je baisse les bras.

Six mois plus tard, le 7 mai 2014, après des semaines de pourparlers, je parviens à convaincre le président du Clermont Foot, Claude Michy, de nommer Helena Costa au poste d'entraîneur de l'équipe professionnelle masculine du club. Une première mondiale ! Une bombe dans le football français et international que je n'avais pas anticipée. Les félicitations pleuvent de toute part, les médias du monde entier m'appellent, mon téléphone est au bord de l'explosion. Je ne peux répondre à tous les appels que je reçois, sauf un... celui du président de la Fédération française de football.

« Sonia, me dit-il, je me suis trompé sur toute la ligne. Vous m'avez impressionné !

– Merci Monsieur Le Graët.

– Rassurez-moi, Helena Costa possède bien un diplôme en bonne et due forme ?

– Absolument. »

Mais un mois plus tard, celle qui vient d'être nommée au poste d'entraîneur démissionne en raison, je cite, « du manque de respect du club à [son] égard conjugué à l'amateurisme de l'organisation ». Noël Le Graët m'appelle :

« Que se passe-t-il, Sonia ?

– C'est une catastrophe, Président ! Je suis désemparée. Je vous en prie, trouvez-moi le numéro de Corinne Diacre, elle vient d'obtenir son diplôme d'entraîneur professionnel. J'ai besoin de lui parler ! »

Trente minutes plus tard, le numéro de l'ancienne adjointe du sélectionneur des Bleues, Bruno Bini, arrive sur mon téléphone.

Jusque-là, je ne ressens rien d'anormal dans le comportement de Noël Le Graët. Ses appels restent professionnels et ne laissent planer aucune ambiguïté à mon égard.

L'été passe, puis à la rentrée il me contacte. Le ton de sa voix est enjôleur, mielleux. Après quelques formules de politesse, il me déclare toute l'admiration qu'il a pour moi :

« Vous êtes exceptionnelle, remarquable. Tout ce que vous avez réussi à accomplir, malgré mes dissuasions, est extraordinaire.

– Merci Président, lui dis-je, mi-gênée, mi-flattée.

– J'aimerais vous présenter Brigitte Henriques, la responsable du développement du foot féminin à la Fédération. Je vous rappelle dès que j'arrive à Paris pour organiser le rendez-vous. »

Une décharge d'adrénaline vient de faire exploser mon cerveau ! Je suis au septième ciel. Je suis parvenue à convaincre le président de la FFF ! Il croit en moi et en mes idées ! Il n'imaginait pas qu'une femme deviendrait entraîneur d'une équipe masculine. Je lui ai prouvé le contraire. Il ne peut que se rendre à l'évidence sur mes capacités et ma volonté à faire évoluer non seulement le football féminin mais également la place des femmes dans ce monde masculin.

Je continue de rêver… S'il souhaite organiser cette réunion, c'est qu'il a l'intention d'entrer dans le vif du sujet et de concrétiser mon idée. Tous mes efforts ont enfin porté leurs fruits. J'imagine déjà la photo des deux équipes de France, floquée du slogan *We are one* ! J'en ai la chair de poule ! À ce moment-là, je pourrais sauter d'un avion sans parachute… rien ne m'arriverait.

Les semaines passent, je trépigne d'impatience dans l'attente de ce rendez-vous. Je me pose mille questions. A-t-il oublié sa proposition ? S'est-il laissé dissuader par ses collaborateurs ?

Il nous arrive d'échanger par téléphone, mais à aucun moment il ne fait allusion à Brigitte Henriques. Ses appels sont brefs, courtois et surtout très flatteurs. À l'écouter, je suis la femme la plus exceptionnelle, la plus brillante et la plus admirable que cette terre ait portée. Je ne perçois dans ses compliments qu'une légitime reconnaissance de mes compétences.

Le président de la Fédération française de football est impressionné par le travail que j'accomplis et me considère à ma juste valeur. Après seulement quatre ans dans le métier et à 29 ans à peine, il m'est difficile de ne pas me laisser griser par tous ces éloges, d'autant plus qu'à aucun moment je ne perçois de sous-entendus dans ses propos. Aucunes prémices de drague, ni même d'approche un peu douteuse. Si je l'avais soupçonné de la moindre arrière-pensée, je n'aurais jamais accepté la seconde invitation.

Enfin, l'appel tant attendu arrive. Noël Le Graët me téléphone pour me fixer une date de rendez-vous. « Cette rencontre se déroulera à mon domicile », rajoute-t-il.

Cette dernière information m'interpelle. Pourquoi souhaite-t-il organiser une réunion chez lui ? Je lui pose la question, et la réponse qu'il me livre paraît somme toute crédible :

« Ne vous inquiétez pas, chère Sonia, c'est juste une question de discrétion. Vous savez, je n'organise pas tous mes rendez-vous à la FFF parce que je ne peux jamais être tranquille. Il y a toujours quelqu'un qui tape à la porte ou qui cherche à me joindre. Cette réunion doit, pour le moment, rester confidentielle, je ne souhaite pas prendre de risques. »

Je finis par accepter de me rendre chez lui, d'une part parce qu'il ne m'a jamais courtisée mais aussi parce que je ne le crains pas physiquement. Il est trop petit, trop frêle pour me faire peur. De plus, je suis loin d'imaginer ce qui se trame dans sa tête. Je n'ai jamais eu écho d'une éventuelle réputation de dragueur ou d'agresseur. De toute façon, le président de la Fédération de football ne prendrait jamais le risque de se compromettre avec une femme agent de joueurs.

Je chasse de mon esprit ces mauvaises pensées et prends le parti de le croire sur parole.

La date du rendez-vous approche et, comme lors de ma première rencontre avec lui, je me prépare sérieusement afin d'être en mesure de répondre point par point aux questions qui me seront posées par Brigitte Henriques et Noël Le Graët.

À la veille du grand jour, je ne me sens pas sereine. Je me surprends à ressasser. J'évolue depuis plusieurs années déjà dans ce monde de mecs. J'ai appris à me protéger, à éviter les situations délicates et ambiguës, car je sais que je suis une proie facile, certainement moins bien armée que d'autres plus expérimentées.

Je vais chez lui. Que peut-il m'arriver ? Il risque de me draguer : OK. Pourquoi chez lui ? L'argument de la confidentialité n'est-il pas juste un prétexte ? Quoi qu'il en soit, Brigitte Henriques sera présente, je ne risque rien. Devrais-je demander à mon associé Patrick ou à mon frère Samy de m'accompagner ? Comment le Président prendrait-il cette initiative de dernière minute ?

Je me raisonne et, au terme de ma réflexion, me persuade que tout se passera bien.

S'il a pris la décision de me présenter Mme Henriques, c'est qu'il a bien l'intention de continuer à faire progresser le football féminin et qu'il adhère à mes idées.

Je me présente donc seule à son domicile. Mes doutes se sont envolés, je suis prête.

Noël le Graët vit dans un immeuble cossu du 16e arrondissement à quelques centaines de mètres du restaurant Le Murat. Je comprends mieux pourquoi il m'a donné rendez-vous là-bas.

« Bonjour Sonia ! »

Il se tient face à moi, souriant et détendu, me salue poliment tout en m'invitant à entrer. En pénétrant dans son appartement, j'avoue être surprise pour ne pas dire déçue par la décoration désuète. Il a vraiment un goût de chiottes ! Comme quoi, l'argent ne fait pas tout. Alors que je m'attendais à découvrir un intérieur moderne, spacieux, à la hauteur de la fonction du personnage, me voilà dans une espèce de garçonnière à l'ameublement vieillot, aux murs jaune orangé qui rappellent la mode des années 1970. Une petite cuisine jouxte le salon dans lequel je me retrouve, à peine passé la porte d'entrée. J'essaye de ne pas m'arrêter à cette première impression et tente de trouver une explication qui tienne la route : *Cet endroit doit être son pied à terre lorsqu'il vient à Paris... Il a probablement autre chose à faire que de s'occuper de la déco !*

Je constate que Brigitte Henriques n'est toujours pas arrivée. Je ne m'en inquiète pas plus que cela.

« Installez-vous, je vous en prie », me propose-t-il chaleureusement.

Au moment de m'asseoir, j'aperçois une bouteille de champagne. Me revient en mémoire son penchant pour l'alcool. Cependant, un détail plus important me dérange : deux coupes sont posées sur la table basse. *Tiens ? Pourquoi deux et pas trois ?*

Le président prend place sur un canapé face à moi, lève son verre en ma direction et me dit :

« Santé ! »

Un peu gênée, je lui avoue que je préfère rester à l'eau.

« Allez, juste un petit verre ! » insiste-t-il.

Pour éviter de le froisser, je contourne le sujet et engage très vite la discussion :

« Brigitte Henriques va bientôt arriver ?

– Ne vous inquiétez pas, elle ne va pas tarder, mais nous allons commencer sans elle, si vous le voulez bien. »

Sans chercher à en savoir davantage, je commence à lui exposer mes idées en lui rappelant tout ce que nous nous étions dit lors de notre premier rendez-vous. Je reviens donc sur l'idée de la fameuse photo :

« Qu'en pensez-vous ?

– Nous verrons cela avec Brigitte Henriques pour les questions d'organisation et de logistique », me répond-il. Puis il rajoute : « Nous discuterons également du coût de cet événement. »

Je suis excitée comme une puce. Sa réponse est très encourageante. Lorsqu'on commence à parler de coût, c'est qu'on se projette concrètement. Il reste à étudier toutes les formalités, mais je ne suis pas inquiète car j'ai déjà tout prévu :

« Je suis persuadée que si nous contactons un sponsor de l'équipe de France, voire un nouveau sponsor, nous parviendrons à boucler le budget. Je n'ai aucun doute sur l'intérêt que ce projet suscitera auprès des annonceurs, des marques ou des enseignes.

– Je suis d'accord avec vous. Cela peut être une source de revenus supplémentaires pour la Fédé car l'idée est innovante et inédite. »

Aïe, aïe, aïe ! Je suis dans la peau d'une sprinteuse en pole position, sur le point de passer la ligne d'arrivée. Je poursuis mon argumentation, frénétique et habitée par mon sujet. Tout en lui parlant, je visualise cette affiche des deux équipes de France réunies, avec le slogan : *We are one !* Je le sens concerné et de plus en plus favorable à la réalisation de mon projet.

À ce moment précis, je suis au paradis parce que j'y crois. Après des années d'efforts, mon idée va voir le jour. Ce coup de projecteur sur toutes les internationales françaises aidera enfin au développement du football féminin et à la condition des femmes ! De plus, je suis convaincue que les joueurs seront tous sensibles à cette initiative. Ne sont-ils pas tous fils, pères, frères, oncles, cousins ? Emportée par mon enthousiasme, j'évoque alors l'idée des petites vidéos dont je lui avais déjà fait part.

Noël Le Graët adhère à toutes mes propositions. La discussion est fluide, à un détail près : au terme d'une demi-heure de discussion, il a déjà sifflé au moins trois coupes de champagne. Plus il boit, moins je le sens attentif et sérieux. Un peu moins professionnel. Il commence à transpirer…

Je tente de ne pas me laisser déconcentrer.

Au fil de la conversation, le président enlève sa veste, défait sa cravate… Je remarque clairement un changement de comportement que je n'interprète pas encore comme un signe inquiétant. Je me persuade qu'il se met à l'aise tout simplement. Après tout, il est chez lui ! Ma détermination à le convaincre est telle que j'avoue ne pas me préoccuper de la situation. J'ai hâte que Brigitte Henriques arrive pour valider avec elle les différents points évoqués afin que nous puissions avancer concrètement.

Je poursuis mes explications mais, comme lors de notre premier rendez-vous, un rictus apparaît soudainement sur son visage. Je le sens encore une fois agacé par mes propos. Je fais une pause et lui demande : « Brigitte Henriques va bientôt arriver ? »

Sans avoir reçu aucun appel de sa part, sans prendre la peine de faire mine de lire un message sur son téléphone, il pousse un soupir et détourne la tête, comme pour me dire : on s'en fout de Brigitte Henriques. Il semble maintenant exaspéré. Je le saoule avec ma logorrhée interminable et, manifestement, ne l'intéresse plus. Trop poli et bien trop stratégique pour m'ordonner de me taire, il me balance :

« Brigitte Henriques ne viendra pas. » Puis, tout en me fixant dans les yeux, me dit : « Écoutez Sonia, nous n'avons pas besoin d'elle. Si nous devenons plus proches, je pourrai concrétiser vos idées. »

Pour la première fois, je m'aperçois vraiment de son état. Avachi sur son canapé, les jambes écartées, débraillé, il se caresse.

Aucun son ne parvient à sortir de ma bouche, je reste interdite, les yeux écarquillés comme si je venais de me réveiller brutalement d'un doux rêve qui dure depuis des mois. Encore aujourd'hui, je serais incapable de dire s'il touchait son sexe ou juste son bas-ventre. Le choc est si violent que mes pensées se brouillent. Je viens de tomber d'un immeuble de mille étages, et la chute est abyssale. Comment ai-je pu être si naïve ? Non mais quelle tarte ! J'étais persuadée que mon discours l'avait intéressé, qu'il allait donner des instructions à Brigitte Henriques pour faire avancer mon projet. Je suis passée du paradis à l'enfer en une demi-seconde. Je prends alors conscience que ce rendez-vous était prémédité, calculé de longue date. Brigitte Henriques n'a jamais été au courant de mon existence et encore moins de cette réunion.

À ce moment-là défilent dans ma tête tous les sacrifices que j'ai dû faire pour en arriver là, les épreuves endurées pour obtenir ma licence et les galères par lesquelles je suis passée pour me faire une petite place dans ce milieu. Tout ça pour ça ! Pour être réduite, aux yeux du président de la Fédération française de football, à un objet sexuel ! On ne va pas se raconter d'histoires : mon cerveau, il n'en a jamais rien eu à foutre ! Mes idées, on n'en parle même pas !

Je suis abattue. La déception est vertigineuse. J'ai perdu toute dignité. Certes, il ne m'a pas approchée, ni même touchée, mais ce que je ressens à ce moment-là est d'une violence indicible. Il m'a humiliée. Il a nié l'essence même de ce que je suis.

Partagée entre un sentiment d'extrême tristesse et une colère noire, je n'ai qu'une envie : l'encastrer dans le mur pour lui montrer qui je suis. Je pourrais n'en faire qu'une bouchée, d'autant plus que j'ai pratiqué la boxe thaïe. Je rassemble le peu de self-control qu'il me reste, serre les poings pour ne pas commettre l'irréparable. Je suis bien éduquée et ne vais pas m'attaquer à une personne âgée.

Calme-toi ! Calme-toi ! Reprends tes esprits ! C'est le président de la FFF. Tu es jeune agent, il a tout pouvoir sur toi. Si tu te montres violente ou irrespectueuse, il te retirera ta licence. Essaye de t'échapper sans faire de vague.

Je trouve, malgré tout, la force de m'exprimer : « C'est bien dommage que Mme Henriques ne vienne pas, j'aurais bien aimé la rencontrer mais je vais rentrer. Mon ami m'attend à la maison. »

Noël Le Graët ne daigne même pas me répondre. Il a compris qu'il ne parviendrait pas à ses fins, je ne représente plus rien pour lui. Je peux à présent disposer. Il m'observe d'un air méprisant. Sans essayer de me retenir, il me laisse partir. Sans un mot.

Chapitre 2

LE DIABLE S'HABILLE EN COSTUME-CRAVATE DÉBRAILLÉ

Je détale comme un lapin. Je me sens salie et tellement ridicule ! Si j'avais été un homme, rien de tout cela ne serait arrivé. Il ne m'aurait d'ailleurs jamais reçue et s'il l'avait fait, il m'aurait écoutée et respectée. Mais je ne suis qu'une « gonzesse » et ne représente, à ses yeux, qu'un morceau de chair fraîche.

Tous ces efforts pour rien, ces années de travail réduites à néant.

Je descends le boulevard Murat pour rejoindre mon bureau. J'éclate en sanglots. Je navigue entre la honte et la colère de n'avoir rien vu venir, de m'être laissé avoir comme une débutante. J'ai la gerbe. J'aurais dû trouver le courage de mettre les points sur les *i* et de lui faire avaler sa cravate ! Au lieu de cela je me suis écrasée comme une merde. Je ne sais pas pourquoi, je me sens coupable. J'ai l'impression d'avoir tout gâché, alors que je n'ai rien fait. Je me torture l'esprit. Lui aurais-je envoyé un signe l'autorisant à ce genre de comportement ? Ai-je été trop souriante, trop avenante ? À l'heure où j'écris ces lignes, je sais bien que non. Ce combat était perdu d'avance, quoi que je fasse. Difficile d'extérioriser ce que je ressens, je dois en parler à quelqu'un qui ne me jugera pas. Désespérée, je m'empresse d'appeler mon associé, Patrick Esteves, pour lui raconter ce que je viens de vivre. Il attendait de bonnes nouvelles, il ne va pas être déçu !

« C'est terrible, me dit-il calmement, mais ne te laisse pas abattre ! Tu es une *warrior,* tu vas te relever. Malheureusement, des hommes comme ça, tu en croiseras encore sur ton chemin. Il n'est pas le premier, il ne sera pas le dernier.

– Je n'en suis pas à ma première déconvenue ! Des hommes qui m'ont draguée, qui ont mis en doute mes compétences parce que j'étais une femme, j'en ai rencontré beaucoup, mais cette fois, ce n'est pas la même situation. Le Graët a profité de son statut de président de la Fédé pour essayer de me mettre dans son lit ! » Sans lui laisser le temps de me répondre, je poursuis : « J'y croyais, Patrick ! J'étais certaine qu'il me prendrait au sérieux, et je me suis retrouvée face à un mec qui s'astiquait certainement la nouille ! Mets-toi à ma place deux secondes ! »

Je ravale un sanglot, puis, dans un souffle, lui annonce : « Je veux arrêter le foot, je n'y arriverai jamais. Je n'ai pas ma place dans ce milieu. Je ne serai jamais crédible, tout simplement parce que je suis une femme. Je pars de beaucoup trop loin. Je n'ai plus d'énergie. »

Sans se départir de son calme, Patrick tente comme il peut de me redonner foi en ce métier :

« Ne dis pas n'importe quoi. Pense à tout le chemin parcouru. Tu as réussi à en convaincre plus d'un depuis que tu es agent. Tu vas t'endurcir, j'en suis certain. Et puis, tous les hommes de ce milieu ne se comportent pas de la sorte.

– M'endurcir ? Je suis déjà dure comme du bois. Mais trop, c'est trop ! Si après tous les efforts que j'ai fournis, le travail que j'ai abattu, on ne s'intéresse à moi que pour me sauter, à quoi bon continuer ? Que pourrais-je faire de plus pour être légitime et crédible ? »

Ce n'est pas la première fois que je suis confrontée à ce genre de situation. Combien de fois ai-je été invitée à déjeuner ou à dîner sous prétexte de « parler boulot » sans qu'aucune suite ne soit donnée si ce n'est une proposition à se revoir et plus si affinités ! Combien de réflexions sexistes, de moqueries liées à mon passé de Miss Auvergne et moult coups bas ai-je encaissés... Je ne parle pas des allusions graveleuses de la part de certains qui tentaient leur chance... Non, je n'en suis pas à ma première déception ! Et pourtant, les machos et leurs propos déplacés ne m'ont jamais atteinte à ce point. Je les regardais et souriais intérieurement en me promettant qu'un jour je leur prouverais à tous de quoi j'étais capable. Mais cette fois, le coup est trop violent parce qu'il ne vient pas de n'importe qui. Noël Le Graët m'a tendu un piège, je suis tombée dedans à pieds joints. Quelle naïveté !

À ce moment-là, l'idée de m'exprimer publiquement ne me traverse pas l'esprit. Je n'ai en ma possession aucune preuve, alors que vaudrait ma parole, moi, petit agent de joueurs de 29 ans, contre celle du président de la Fédération française de football ? Je n'ai rien à y gagner si ce n'est de me faire écraser comme une mouche. Et puis, il ne m'a pas agressée. Personne ne pourrait comprendre ce que je ressens au plus profond de moi. D'autant plus que je pense, à ce moment-là, être la seule « victime » de son sexisme.

Je me terre quelques jours dans la pénombre de mon studio. Je reste allongée sur mon lit à ruminer et à me gaver de bonbons sans avoir la force de me doucher, ni même de manger un plat digne de ce nom. Je regarde en boucle *Le diable s'habille en Prada*, un de mes films favoris. Pour le coup, cette fois, le diable s'est habillé en costume-cravate débraillé. Je chasse cette vision dégoûtante de mon esprit, choisissant plutôt de passer mon temps à engloutir des Malabars saveur barbe-à-papa. Mes préférés !

Je me rappelle en avoir mâché des centaines, enfermée dans ma petite chambre à potasser mes fiches pour obtenir ma licence d'agent sportif FFF. J'esquisse un sourire. Je leur dois beaucoup à ces petits rectangles bleu turquoise. J'ai l'impression de mémoriser beaucoup plus facilement en les mâchant.

Je prends le temps de réfléchir à mon futur. Je pense à mes deux associés. Leur avenir est directement lié au mien. Ils ont toujours cru en moi et en notre travail commun. Je pense à mes clients aussi. Ils me font confiance. J'ai de sacrées responsabilités envers eux. Ils m'ont confié la gestion de leur carrière. Je ne me vois pas les lâcher du jour au lendemain. Je pense à mes parents, à David, l'homme qui partage ma vie. Ils sont si fiers de moi, de mon parcours, de ma force de caractère. Abandonner, ce n'est pas moi. Je suis blessée dans mon amour-propre, mais décide de ne pas me laisser abattre. Oui, je suis une battante et il est hors de question qu'à cause de ce type, je laisse tomber tout ce que j'ai construit depuis des années.

Noël Le Graët, quant à lui, ne semble pas affecté outre mesure par cet épisode. Il continue de m'appeler comme s'il ne s'était rien passé parce que, pour lui, il ne s'est rien passé. Il a tenté sa chance, il a échoué. Rien de bien grave. Il confirmera d'ailleurs plus tard, auprès des médias, son sentiment d'injustice et son incompréhension face aux attaques qu'il estime injustifiées et dont il a fait l'objet de la part de plusieurs femmes. « J'aime faire des compliments, ce n'est pas un crime », déclarera-t-il. Le message est donc le suivant : dès lors que nous n'avons pas été agressées sexuellement, pourquoi pleurnicher sur notre sort ?

Je me refais le film de notre première rencontre, relis ses messages et me remémore nos discussions à l'affût d'un mot ou d'une attitude qui auraient pu m'échapper. Rien. Il a parfaitement manœuvré pour m'emmener là où il avait décidé de m'emmener et je n'y ai vu que du feu. La colère monte...

Compte tenu de ce qu'il représente, qui pourrait s'en prendre à lui ? Aucune d'entre nous n'a osé le remettre à sa place par crainte de perdre son poste ou de se voir black-listée. Alors, il s'en est donné à cœur joie en toute impunité sans imaginer un instant les dégâts psychologiques qu'il provoquait.

Bien loin de lui l'idée de m'avoir fait du mal. Si loin de lui qu'il continue, moins d'un an après cet épisode, à me solliciter régulièrement par des appels téléphoniques et quelques SMS :

Le 15 janvier 2015 : « Vous me manquez. »

Le 11 avril 2016 : « Je souhaite vous inviter à regarder le match France-Ukraine. »

Le 30 juin 2016 : « Êtes-vous libre demain soir ? »

Le 16 août 2016 : « Puis-je vous inviter à dîner demain soir ? J'insiste. »

Ces invitations s'étalent dans le temps : de 2014 à 2018. Des années sans que je ne puisse récolter de preuves tangibles de ce que je vis comme du harcèlement. Noël Le Graët est trop malin pour laisser des traces ! Peu d'écrits, encore moins de messages vocaux. Je n'ai jamais reçu un SMS de lui contenant plus de deux lignes. Ce n'est pas son truc. Son « mode opératoire », si je puis dire, ce sont les appels téléphoniques. Il appelle, rappelle, pour m'inviter à dîner ou à assister à des matchs de l'équipe de France. Je refuse. Il persévère. Comment repousser ses avances habilement sans me griller ? Lorsque mon téléphone affiche plus de trois ou quatre appels en absence, je me sens obligée de réagir parce qu'il est le président de la FFF. Ma position d'agent m'interdit de l'ignorer, de le repousser comme je pourrais le faire avec n'importe quel autre homme. Ce n'est pourtant pas l'envie qui m'en manque alors je compose, je gère comme je peux ses sollicitations. Je me défile tout en restant polie, prétextant une réunion de travail, un déplacement à l'étranger, des vacances en famille. Rien ne le décourage, il tente à nouveau. Je prends sur moi lorsque l'envie me démange de lui balancer : *eh, gros lourd, tu vas arrêter de m'appeler ?* Je réponds à un appel sur cinq jusqu'au jour où, lassée de son insistance, je décroche :

« Enfin, vous répondez, Sonia, me dit-il ! Vous êtes plus occupée qu'un ministre ! »

Chaque fois qu'il rentre à Paris, il récidive. Sur un malentendu, on ne sait jamais… Il ne lâche pas. Je le sens déterminé, obstiné, ambitieux même. S'il a géré sa carrière comme il gère ses potentielles conquêtes, je comprends mieux sa réussite. Il est la caricature de l'homme de pouvoir à qui rien ne peut et ne doit résister. Le président est le roi dans son royaume. Les femmes, de simples sujets dont il peut disposer à sa guise.

Mais non, Monsieur Le Graët ! Nous ne sommes pas des trophées ! La vie, les relations humaines ne fonctionnent pas comme ça !

Fin 2018, les appels cessent enfin. Il lui aura fallu quatre ans pour se résigner. Le 1er mai 2019, il tente sa chance une dernière fois en m'envoyant une capture d'écran d'un bouquet de muguet. Puis, plus rien.

Arrive la Coupe du monde féminine en 2019. Je suis incontournable car je représente plusieurs joueuses. Nous sommes donc appelés à communiquer et à échanger, mais le ton de sa voix a changé. Le président de la FFF a abandonné son entreprise de séduction et s'adresse enfin à l'agent. Je poursuis ma route tout en gardant au fond de moi cette blessure.

J'ai conservé dans mon téléphone ses SMS et surtout… surtout l'un de ses seuls messages vocaux, qu'il m'a laissé un soir de juillet 2017 à 21 h 46 où, grisé par l'alcool, il s'est laissé aller à me parler : « Sonia, je suis à ma troisième bouteille… troisième… Je vous attends pour la quatrième… »

J'archive machinalement ce message dans mon téléphone. À ce moment précis, je suis loin d'imaginer qu'un jour je m'en servirai.

Chapitre 3

ET SI J'AVAIS AUSSI UN CERVEAU ?

Le sport a toujours fait partie de ma vie. Dès mon plus jeune âge, stimulée par mon père, lui-même très sportif et intimement persuadé que le sport joue un rôle important dans l'éducation, je pratique plusieurs disciplines : la gymnastique, le canoë-kayak, le basket, le handball et la natation. Jamais de football. Et c'est vers le volley-ball que mon choix se porte. J'ai 11 ans et suis plutôt assez douée. Grâce à ma grande taille, je suis rapidement repérée, appelée dans les sélections départementales, régionales puis en équipe professionnelle au Volley Ball Club de Riom près de Clermont-Ferrand. J'intègre le centre de formation et poursuis mes études jusqu'au bac, au Pôle Espoirs volley-ball de ma région. Le sport de haut niveau m'apprend l'exigence et le dépassement de soi. Je n'ai pas une seconde à moi. Je passe mon temps à travailler, encouragée par ma mère qui accorde une importance capitale à mes études. Prof de maths en Algérie, elle a dû abandonner son métier, n'ayant pas réussi à faire valoir ses diplômes à son arrivée en France. Après avoir eu trois enfants, elle est devenue aide médico-psychologique en Ehpad.

Quant à mon père, il ne cesse de me pousser à atteindre les sommets. Et pour cause, passionné de sport, il en a fait son métier : moniteur d'éducation physique puis préparateur physique dans le monde du football professionnel. Il a débuté dans une équipe de CFA, 4e division en Auvergne, puis, ne parvenant pas à percer dans l'élite en France, a décidé de tenter sa chance à l'étranger pour finalement se faire une place aux Émirats arabes unis, au Qatar, au Maroc et au Soudan. Je nourris une véritable admiration pour cet homme qui n'a jamais hésité à prendre son sac à dos, son passeport et à s'éloigner des siens pour trouver un emploi. Là où le travail l'appelait, il partait. Par passion mais aussi par nécessité car nous ne roulions pas sur l'or. Mes parents, algériens de naissance, sont arrivés en France à l'âge de 19 et 26 ans. Ils se sont installés dans une tour du quartier du château des Vergnes dans le nord de Clermont-Ferrand, une zone résidentielle défavorisée. Ma mère était enceinte de moi de 7 mois. Trois ans après naissait mon frère Samy puis, treize ans plus tard, ma sœur Sarah. Il fallait donc nourrir cette grande famille. À force de travail et de volonté, mon père a fini par se bâtir une belle réputation dans le milieu du football. Il a pris sa retraite il y a quelques mois à peine mais reste à l'affût d'un beau projet. À 68 ans, il garde toujours cette flamme en lui. Il reste pour moi un exemple, et je suis fière d'avoir hérité de sa force de travail et de sa détermination.

J'ai été élevée dans l'idée qu'il fallait atteindre l'excellence dans tous les domaines.

Cette éducation a forgé mon caractère. Je fonce, peu m'importent les obstacles qui se dressent sur mon chemin, je suis ambitieuse, avec une grande capacité de travail :

vingt heures de volley par semaine, match le week-end, stages de sport pendant les vacances scolaires, sans oublier mes études. À l'âge où mes copains de classe commencent à zoner, fument et font la fête, moi, je bosse. Je me dois de réussir pour mes parents, et notamment ma mère qui se sacrifie en jouant les taxis pour m'emmener de notre domicile au lycée, puis aux activités. Je n'ai pas de temps à perdre pour la rigolade. Malgré ce rythme effréné, je parviens à décrocher mon bac S à 18 ans, puis entame une première année de médecine pour réaliser le rêve de mon père d'avoir un « docteur » dans la famille. La série *Docteur Quinn, femme médecin* a bercé mon enfance, alors cette idée ne me déplaît pas non plus. Même si je me rêvais océanographe. Malheureusement il n'y a ni océan ni mer en Auvergne, seulement des volcans. Parallèlement à mes cours, je décide de passer mon permis de conduire, que j'obtiens quelques mois après ma majorité. Je coche toutes les cases de la jeune femme parfaite.

Lors d'un cours de conduite, je remarque le regard insistant de la monitrice sur moi. Je m'interroge. Elle me scrute au lieu de se préoccuper de la route puis finit enfin par me livrer ce qu'elle a sur le cœur :

« Sonia, je vous trouve vraiment jolie. Savez-vous qu'il y aura bientôt l'élection de Miss Auvergne ?

– Miss Auvergne, c'est quoi ce truc ? »

J'imagine qu'il s'agit d'un concours de beauté dont je n'ai jamais entendu parler. Cet univers est si loin du mien ! Contrairement à la plupart des filles de mon âge, je ne m'intéresse pas à la mode. Je ne porte que des baskets et des tenues de sport, ne me maquille jamais et me coiffe à peine. De quoi me parle-t-elle ?

Face à ma réaction, la monitrice ne se décourage pas pour autant et revient à la charge chaque fois qu'elle me voit : « Laissez-moi vous inscrire, vous avez toutes les chances de gagner ! »

J'en discute avec ma mère qui n'affiche pas un grand enthousiasme. Cependant, un mot retient mon attention : gagner. Dans mon esprit affamé de challenges, cela fait tilt ! J'aime les défis et la compétition alors pourquoi pas ? Je suis curieuse de nature, et l'idée de vivre une expérience nouvelle, et probablement enrichissante, me tente. J'autorise donc la monitrice à m'inscrire.

J'apprends que je dois me présenter à l'élection avec une tenue de soirée et des chaussures à talons.

Ben voyons ! Je ne possède évidemment pas ce genre de vêtements dans mon armoire.

Avec ses économies, ma maman arrive à me dégoter une robe à mon goût, noire et sans chichi. Il faut dire que depuis mon adolescence je ne m'habille qu'en noir. Un vrai corbeau.

Le jour de l'élection, je me retrouve entourée d'une trentaine de jeunes filles qui se scrutent et se cherchent des poux derrière leur sourire de faux culs. Bonjour, l'ambiance ! Il est 16 heures, le concours débute à 20 heures. Nous avons peu de temps pour nous mettre en condition, la tension est palpable. On pourrait croire que des vies humaines sont en jeu. *Bon sang de bonsoir, mais qu'est-ce que je fous là ?* Je reconnais un visage familier, celui d'Élodie Veyssière, l'une de mes coéquipières. Heureuse de la retrouver, je me rue sur elle. Visiblement, elle ne semble pas ravie de me voir. Pourtant, je ne risque pas de lui faire de l'ombre, elle a la victoire assurée. Aucune d'entre nous ne lui arrive à la cheville. C'est une bombe ! La nouvelle Miss Auvergne, c'est elle, c'est certain.

J'ai l'impression d'être propulsée sur une autre planète. Les organisateurs nous expliquent comment défiler, marcher avec des talons aiguilles. Nous devons danser avec des parapluies, apprendre des chorégraphies pour un premier passage en maillot de bain puis un second en robe de soirées. Je sais à peine marcher avec ces machins-là et il faudrait que je danse avec ? Je m'efforce de rester concentrée sur ma tâche. Je transpire plus que pour un match de volley-ball. Moi qui voulais sortir de ma zone de confort, je suis servie !

Quand soudain, le temps semble se figer. Tous les regards convergent en même temps vers la même personne. Les filles interrompent leurs activités pour accueillir la prêtresse de l'élection : Mme de Fontenay, accompagnée de Miss France 2003, Corinne Coman. Je reste de marbre. Cette « apparition » ne me fait ni chaud ni froid. Cette femme est certes respectable, mais qu'a-t-elle réalisé pour mériter une telle prosternation de la part des candidates ? Si Zidane était entré dans la pièce, j'aurais été tétanisée, émerveillée, mais Mme de Fontenay ! Après quelques minutes de sidération, les prétendantes au titre se remettent à travailler comme si leur vie en dépendait. Il n'y a plus aucun doute, la compétition est lancée. Quant à moi, je répète mes pas de danse pour éviter de ne pas trop me ridiculiser. Mes deux objectifs se résument à ne pas me taper la honte en me cassant la gueule sur l'estrade et faire plaisir à ma monitrice d'auto-école ainsi qu'à ma mère qui se réjouit à l'idée de voir sa fille habillée en princesse, une fois dans sa vie.

Vingt heures, le défilé en maillot de bain débute. J'attends mon tour pour monter sur scène. J'ai 18 ans, un corps sculpté par le sport. Je constate dans le regard du public que mon passage provoque son petit effet. Idem lorsque je reviens, vêtue de ma petite robe noire.

Le spectacle terminé, la soirée peut commencer. La Miss France actuelle fait son show, entourée de ses dauphines. Toutes les candidates sont en admiration, comme hypnotisées. Quant à moi, même si je reconnais leur professionnalisme et leur grâce, je m'emmerde comme un rat mort ! Je me maudis de m'être laissé convaincre. Arrive enfin le moment tant attendu de la remise des écharpes. Je n'ai qu'une hâte : que cette mascarade se termine pour enfin retirer mes talons hauts qui me brûlent les pieds. Non mais ça devrait être interdit de porter ces instruments de torture !

Secrètement, j'espère quand même obtenir une place respectable. C'est plus fort que moi, je suis ambitieuse et supporterais difficilement une défaite cuisante. La deuxième dauphine est appelée, je retiens mon souffle. Ce n'est pas moi. Je pensais décrocher au moins la troisième place. À ce moment-là, je me dis que c'est foutu. Je suis déçue, vexée mais n'affiche aucun signe de contrariété. Je ne veux pas perdre la face, d'autant plus que ma mère est dans la salle. Je la cherche du regard parmi le public, parviens à la trouver et lui souris de toutes mes dents pour la rassurer. Reste la première dauphine. Mon esprit est déjà ailleurs, l'espoir de monter sur le podium s'est définitivement envolé. À ma grande surprise, Élodie, la jolie blonde, décroche cette seconde place. Sa déception est évidente. De notre côté aussi, c'est l'incompréhension totale. J'étais persuadée qu'elle serait la nouvelle Miss Auvergne. Je suis toujours spectatrice de l'événement, balaye du regard la scène en essayant de trouver la gagnante de cette élection. Je ne vois vraiment pas.

Roulement de tambour. Une voix s'élève. Miss Auvergne... Sonia Souid ! Je ne réagis pas. Immobilisée sur place, en état de choc. La salle pleine à craquer s'agite, les gens applaudissent. Je dois m'avancer sur le devant de la scène, mais mes jambes ne me portent pas. Miss France et Miss Auvergne 2002 volent à mon secours et me prennent le bras pour m'aider à avancer. Elles me déposent délicatement la couronne sur la tête puis m'enfilent l'écharpe. Je ne prononce pas un mot. Je me contente de sourire en recevant les nombreux cadeaux destinés à l'heureuse élue, donc à moi : un vélo, un an de soin dans un centre de beauté réputé et quelques bijoux. Parmi la foule, j'aperçois ma mère, émue aux larmes... Je suis heureuse car si j'ai accepté de participer à cette élection, c'est en grande partie pour elle. Malgré l'effervescence qui règne autour de moi, je prends le temps de l'observer. Je l'aime tellement ! Je mesure ma chance de l'avoir près de moi. Elle est un modèle de force, d'amour et de dignité. Mon pilier.

Je me laisse à présent porter par les événements. La sidération passée, je suis prête à affronter les journalistes locaux qui se précipitent sur moi.

« Que ressentez-vous ? »

« Vous attendiez-vous à devenir Miss Auvergne ? »

« De quels pays du Maghreb êtes-vous originaire ? »

Oh ! là, là ! Qu'est-ce qui m'arrive ? Je suis entraînée dans un tourbillon de questions auxquelles je n'ai même pas le temps de répondre.

« Que faites-vous dans la vie ?

– Je suis en première année de médecine. »

En prononçant cette phrase, je réalise que je ne pourrai pas achever mon année. En effet, la gagnante de l'élection doit partir cinq semaines pour préparer le concours Miss France. Mon esprit se brouille. Tout se met à tourner dans ma tête.

Je ne peux pas m'absenter autant de temps sinon mon année sera foutue. Qu'est-ce que j'ai fait ? Je ne dois pas partir ! Et en même temps, je ne peux pas rendre mon écharpe.

N'ayant pas imaginé un seul instant remporter ce concours, je me retrouve alors dans une situation très délicate et qui me dépasse. Je suis dans la mouise !

Il est hélas trop tard pour faire marche arrière. Je n'ai pas d'autre choix que de me résoudre à honorer mes engagements. Je ne peux pas me défiler.

Gonflée par les encouragements de ma famille, je m'envole seule vers Paris quelques jours plus tard. En un temps record, ma mère réussit à me confectionner un trousseau grâce aux maigres économies de la famille et à la grande générosité de la propriétaire de Soraya, la boutique de vêtements pour femmes située dans la galerie du centre commercial d'Auchan Nord de Clermont-Ferrand.

Moi, la petite provinciale, je me retrouve perdue dans cette grande capitale. Les Champs-Élysées, la brasserie Fouquet's. Je dois m'habituer au luxe, apprendre à me tenir convenablement à table. Je ne sais comment me comporter car je ne possède pas les codes de la bonne société. Du jour au lendemain, on ne m'appelle plus Sonia mais Auvergne. Je ne suis plus qu'une écharpe. Je n'aime pas ça.

Par chance, je partage ma chambre avec Anne-Sophie Masson, Miss Berry, une très jolie jeune femme, déconnectée comme moi. Nous nous soutenons pour faire face à ce monde déshumanisé.

Après Paris, Tunis ! Chic alors, un hôtel 5 étoiles à Hammamet, en bord de mer, a été spécialement réservé pour nous. Une première pour moi. Je me réjouis à l'idée de profiter de ces quelques jours au soleil dans un lieu aussi luxueux. Le seul hic est que ce séjour ne ressemblera en rien à ce que j'avais imaginé. Nous sommes tenues de rester enfermées dans nos chambres toute la journée. Pour le coup, j'expérimente ce qu'est une prison dorée. L'accès à la plage, à la piscine et aux activités ne nous est autorisé que pour nourrir la presse, le temps d'une photo.

Je déchante. Ma place n'est pas ici. Il règne un climat délétère entre les filles, une rivalité malsaine qui m'est inconnue. Moi, je suis habituée au milieu sportif qui exige de travailler et de s'entraîner dur pour y arriver. Ce n'est pas un hasard si j'ai choisi un sport d'équipe. J'aime le vivre ensemble, grandir ensemble et gagner ensemble. Tout donner pour atteindre les mêmes objectifs. Ces valeurs sont inscrites dans mon ADN. Je suis habituée à la solidarité, à l'entraide, à un esprit de compétition sain, alors qu'ici, tout est superficiel, uniquement basé sur le paraître. L'ambiance est insupportable. Chacune se toise, se critique. Trop d'hypocrites et de lèche-cul au mètre carré pour moi. Très vite, des clans se forment entre les outsiders et les autres. Sans hésiter, je choisis mon camp. Je sais que je n'ai pas la moindre chance de gagner et, d'ailleurs, je ne le souhaite même pas.

Après quinze jours à Tunis, direction Deauville où nous restons coupées du monde durant trois semaines interminables dans le prestigieux palace le Normandy. Cette fois, il ne s'agit plus de rester cloîtrées dans nos chambres. Nous passons nos journées à répéter nos chorégraphies pour la grande soirée de l'élection Miss France. Je ne joue plus le jeu, je lâche prise définitivement. Je supporte difficilement de marcher avec des talons aiguilles toute la journée. Et comme prévu, je ne suis pas qualifiée. Retour à la case départ, je rentre à Clermont-Ferrand.

Après plus d'un mois d'une vie tourbillonnante et surchargée, je me retrouve à l'arrêt du jour au lendemain. Le vide est abyssal. Je suis déprimée et réalise que j'ai gâché une année de médecine pour un caprice qui n'en valait pas la peine. Je reprends malgré tout le chemin de l'amphithéâtre du CHU de Clermont-Ferrand.

Les étudiants se retournent sur mon passage, m'apostrophent : « Ça va, Miss Auvergne ? » Les rires et les moqueries fusent. Un sentiment de honte m'envahit, j'aimerais me terrer dans un coin, disparaître. Le fait d'avoir succombé au charme de ce concours de beauté a fait de moi une vendue, une traîtresse. C'est, du moins, l'impression que j'en ai. Je m'efforce de tenir bon pour préparer ma seconde première année et pouvoir leur clouer le bec à tous. Je me découvre alors une passion pour les autopsies qui m'aidera à relativiser ma situation et à remettre les choses à leur place, car derrière chaque cadavre que je vois se cache le décès d'un père, d'une mère, d'un frère ou d'un enfant.

Moi, la Miss Auvergne, je me sens ridicule face au drame humain. Tous me prennent de haut. Leurs regards méprisants me renvoient l'image d'une pauvre fille. Le milieu du volley ne m'épargne pas non plus. Ma médiatisation m'a porté préjudice.

Je n'aurais jamais dû vivre cette première vie, mais avec le recul, je ne peux m'empêcher de penser que mon destin était déjà en marche. En me détournant d'une route que j'imaginais toute tracée, il m'a emmenée des années plus tard là où je devais me trouver. Si je n'avais pas été élue Miss Auvergne, je serais devenue médecin.

Je traverse une année difficile, mais ne baisse pas les bras. *J'y arriverai et leur montrerai que je ne suis pas l'écervelée superficielle qu'ils croient.* J'ai la chance d'être soutenue par Vincent, mon petit ami de l'époque. Nous nous sommes rencontrés par l'intermédiaire d'un ami footballeur, rencontré lui-même lors d'un stage de sport au CREPS de Vichy. Nous avions tous deux 18 ans. Moi volleyeuse, lui footballeur en Ligue 1. Nous nous sommes aimés au premier regard. Vincent est un garçon très terre à terre, calme et réfléchi, contrairement à moi qui suis tout feu tout flamme. C'est avec lui que, sans le savoir, je fais mes premiers pas d'agent. Vincent, ne se sentant plus en phase avec son club, cherche un point de chute. Je prends d'emblée les choses en main :

« Tu es jeune, ne t'aventure pas dans un grand club. Ce dont tu as besoin aujourd'hui, c'est de temps de jeu. Et ce temps, tu ne le trouveras que dans une équipe d'un niveau inférieur. Que penses-tu du Clermont Foot ?

– Pourquoi pas ? me répond Vincent un peu perdu.

– Clermont, c'est chez moi. Tu ne seras pas dépaysé, lui dis-je pour le rassurer. Et puis, ce n'est pas trop loin de chez tes parents non plus.

– OK, mais comment dois-je m'y prendre ?

– Rédigeons avant tout ton CV. Je vais l'imprimer et nous irons le présenter. »

Sans aucune expérience du métier et à seulement 19 ans, me voilà partie au Clermont Foot rencontrer le directeur sportif à qui je propose la candidature de mon ami. L'accord ne se conclut pas ce jour-là, mais quelques années plus tard Vincent sera recruté à deux reprises dans ce club. Le virus de l'agent était en moi. À cette époque, l'idée d'en faire mon métier ne m'effleurait même pas l'esprit. J'ignorais qu'on pouvait l'exercer pour gagner sa vie.

J'entame alors ma deuxième première année de médecine. Mais cette fois, je m'inscris à des cours privés préparatoires afin d'optimiser mes chances de réussite. Ces cours représentent un coût important pour la bourse de mes parents, ils sont prêts à se serrer la ceinture pour m'aider. Cette obligation de résultat est une pression supplémentaire. Je sais que je n'ai pas droit à l'erreur. Je m'accroche, travaille comme une forcenée, mais en dépit de tous mes efforts, suis recalée. En fin d'année, je reçois un appel de l'université m'annonçant que je suis éligible pour l'école de sage-femme. Mon père me pousse à accepter, pour lui la situation est claire comme de l'eau de roche : « Tu dois choisir la sécurité et la stabilité. Ce métier, tu le garderas toute ta vie », me dit-il.

Je me retrouve face à un véritable dilemme. Ai-je le droit de refuser ce poste alors que mes parents se sont sacrifiés pour moi ? Ai-je vraiment le choix ? Et puis, sage-femme, c'est mieux que rien. Mon père a raison, je dois me mettre à l'abri définitivement.

Je n'ai que vingt-quatre heures pour donner une réponse. Je passe la nuit à me faire des nœuds au cerveau pour finalement me rendre à l'évidence : ce n'est pas ma vocation. Ma vie, je la vois autrement et ailleurs, mais où et comment ? Je n'en ai pas la moindre idée. Je me demande ce que je vais devenir. C'est alors que commence la descente aux enfers. Je m'inscris en troisième première année de médecine pour devenir kiné, mais la motivation me manque. Je tombe dans une dépression profonde, j'ai le sentiment d'avoir foutu ma vie en l'air et ne vois plus aucun avenir. Je me sens à l'étroit à Clermont-Ferrand sans un sou pour en partir.

En cours d'année, n'y tenant plus, je prends la décision de tenter ma chance à Paris. Je me démène, et très rapidement décroche un job d'hôtesse. Je retrouve mes meilleures amies et les talons aiguilles payés dix euros chez le Chinois du coin. Je suis appelée pour travailler au salon nautique, du chocolat, de l'automobile. Je passe mes journées debout à piétiner sur mon stand attribué. En fin de journée, j'ai les pieds en sang. On nous demande de sourire en toute occasion. Je n'y arrive pas. Je souffre, mais j'apprends. Je ne gagne pas suffisamment d'argent pour louer un studio alors je navigue entre la maison de mes parents près de Clermont-Ferrand et celle de Vincent. J'arrive à Paris tôt le matin pour me rendre à des rendez-vous ou travailler, puis repars le soir. Je me déplace en train, et j'avoue n'avoir pas toujours les moyens d'acheter mon billet. Je me cache dans les toilettes afin d'éviter les contrôleurs. Je le vis très mal. Je déteste frauder mais n'ai pas le choix. Depuis, je me suis rattrapée ! Je mets un point d'honneur à ne pas solliciter Vincent qui gagne bien sa vie. Demander à un homme de m'aider financièrement est une ligne rouge que je n'ai jamais réussi à franchir. Je préfère récurer des toilettes avec ma langue plutôt que d'en arriver là ! Quelle que soit la situation, je tiens à rester indépendante.

Je cours les castings, épluche les annonces. Je m'épuise, mais trace ma route.

Dans ce milieu où la femme est peu considérée, j'ai la chance d'être épargnée de remarques ou de comportements déplacés de la part de mes employeurs ou de mes collègues. Je ne suis pas au bout de mes peines...

À 20 ans, je me présente à un casting pour un emploi de mannequin-cabine. Cela consiste à essayer une tenue pour que le créateur puisse voir à quoi ressemble la pièce lorsque celle-ci est portée. Vincent décide de m'accompagner. Nous quittons son domicile en voiture, très en avance pour ne pas risquer d'arriver en retard. Je compte bien décrocher ce job qui, d'après ce que j'ai entendu, est beaucoup mieux rémunéré qu'un emploi d'hôtesse.

« Veux-tu que je monte avec toi ? Je t'attendrai à l'entrée, si tu veux, me demande Vincent.

– Non, ce n'est pas utile. Je ne pense pas en avoir pour longtemps. Souhaite-moi juste de repartir avec un contrat !

– Je n'ai aucun doute », me dit-il en refermant la portière de la voiture.

Je monte les escaliers, plutôt confiante. Ce que j'ai à faire n'est pas sorcier. Aucune raison que je ne réussisse pas. J'entre dans le hall, patiente quelques instants en attendant que le directeur de casting vienne me chercher. Un homme d'une cinquantaine d'années, élégant et raffiné mais, toutefois, avec une sacrée tête à claques, s'approche de moi. Il est accompagné de son épouse, une très jolie femme blonde aux yeux bleus, qui m'accueille chaleureusement.

« Entrez, je vous en prie », me disent-ils en m'indiquant les vestiaires.

Je croise plusieurs mannequins, présentes également pour le casting. Que des canons ! J'ignorais que la compétition pour le poste allait être aussi rude. Je passe aux essayages en attendant mon tour. En fin d'après-midi, la dernière jeune fille s'en va. Il ne reste que moi. Je m'habille puis défile devant eux. Je les sens emballés et perçois dans leur regard une évidente satisfaction. Je me rhabille puis avant de quitter le show-room, le directeur m'interpelle. Cette fois, il est seul.

« Suivez-moi… » Il m'invite à m'asseoir. « Vous correspondez exactement à ce que nous recherchons. Votre corps est parfait pour porter ce genre de vêtements. »

Je tente comme je peux de dissimuler ma joie.

« Il s'agit donc d'un contrat de deux mois pour juillet et août. »

Je n'ose pas y croire. J'aperçois enfin le bout du tunnel. Je n'ai pas le temps de réagir qu'il se lève, dégrafe sa braguette, ôte son pantalon, son caleçon puis sort son énorme sexe dégueulasse qu'il pose sur la table, face à moi :

« Le boulot est pour toi, mais tu sais ce qu'il te reste à faire… »

Je suis tétanisée, sous le choc, incapable de crier ou de prononcer le moindre mot.

Comme une automate, je me lève et quitte la pièce précipitamment. Il ne cherche pas à me retenir. Je dévale les escaliers, cours en direction de la voiture de Vincent.

J'entre en trombe dans le véhicule, blanche, livide, le prie de me laisser quelques instants, le temps de « redescendre ». Je suis incapable de parler. Vidée de mon énergie, j'ai envie de dormir et de m'enfermer quelques jours dans le noir. Vincent ne comprend pas, mais respecte mon silence avant de m'interroger.

Avec du recul, cet épisode, si humiliant, si douloureux soit-il, m'a beaucoup moins affectée que ma rencontre au domicile de Noël Le Graët. Si ces deux hommes avaient le même objectif, l'un a fait preuve d'une grande violence à mon égard en se déshabillant alors que l'autre a agi beaucoup plus subtilement. Et pourtant…

Sans minimiser l'acte ignoble et répugnant de ce directeur de casting, il a tenté sa chance face à une proie qu'il croyait facile : une jeune mannequin aux abois prête à tout pour décrocher un job. Malgré la stupeur et le dégoût que cette situation a suscités, mon ego n'a pas été atteint parce qu'à ce moment-là, je n'étais qu'une gamine, sans expérience professionnelle, avec, pour seul CV, un physique agréable. Son attitude à mon égard n'a pas provoqué chez moi de remise en question existentielle. Lorsque j'ai rencontré M. Le Graët, la situation était bien différente. La gamine avait laissé place à une femme qui se battait depuis des années pour se faire respecter dans le milieu du football, qui travaillait sans relâche pour réussir. Lorsque je me suis présentée à lui, j'étais enfin reconnue dans mon métier, et en quelques minutes, le président de la Fédération française de football a réduit tous mes efforts à néant. Il m'a renvoyée des années en arrière lorsque je n'étais aux yeux des autres qu'un corps sans cerveau.

Oui, un corps avec un brin de jugeote ; voilà ce que je pense être à cette période-là. Je ne possède aucun diplôme, aucune compétence, seul mon physique peut me faire gagner ma vie.

J'ai 21 ans et continue de courir les castings car je crois en ma bonne étoile. C'est au cours de l'un d'eux que je croise Julie-Chloé Mougeolle, ex-Miss Paris, une artiste un peu loufoque avec laquelle j'avais sympathisé lors de l'élection de Miss France. Je me précipite vers elle et lui propose d'aller boire un diabolo fraise, mon péché mignon. Nous discutons à bâtons rompus.

« Que fais-tu à Paris ? me demande-t-elle curieuse.

– Après l'élection, je me suis retrouvée complètement désœuvrée, à tourner en rond dans ma petite ville de province, alors j'ai décidé de partir.

– La vie ici n'est pas facile, reprend-elle. Tout est très cher ! Tu t'en sors quand même ?

– Non, je galère pour me loger. Je ne possède ni fiche de paie, ni garant. Aucun propriétaire ne veut prendre le risque de me louer un appartement. Je ne veux rien demander à mes parents. Ils ont déjà assez fait pour moi. »

C'est alors que le visage de Julie-Chloé s'illumine : « J'ai la solution ! Je vis dans une chambre de bonne près de la place de la République, dans le 11e arrondissement, métro Jacques-Bonsergent. Ça te dirait de devenir ma colocataire ? »

Je n'en crois pas mes oreilles. Après tant de déconvenues, la vie m'offrirait-elle enfin un cadeau ? J'ai envie de la serrer fort dans mes bras !

« Je te préviens, c'est tout petit, rajoute-t-elle.

– Non mais tu plaisantes ? J'en ai rien à cirer de la superficie de la chambre, je suis prête à vivre dans un cagibi à Paris et à dormir sur un matelas déglingué pourvu que j'aie un toit sur la tête ! Tu ne peux pas imaginer ce que cela représente pour moi !

– Alors ? Marché conclu ?

– Marché conclu ! » dis-je en lui tapant dans la main.

Ce jour-là, ma vie parisienne a officiellement commencé.

Portée par un enthousiasme qui m'avait quittée, je m'inscris à des cours d'art dramatique où je fais la connaissance de Christy Taner, une ravissante jeune femme d'origine congolaise, pétillante et pleine d'énergie, apprentie comédienne elle aussi, et qui jouera, quelques années plus tard, un rôle important dans ma vie. Miss Paris, très introduite dans le milieu parisien, me présente naturellement à ses amis, ce qui me permet de construire, petit à petit, mon réseau.

Mon histoire d'amour avec Vincent prend fin car ce charmant jeune homme, bien sous tous rapports, me trompe allègrement. Et pas avec n'importe qui ! avec la fille du président de son club. J'en plaisante aujourd'hui, mais le jour où je l'apprends, je m'effondre littéralement. Incapable de rester seule, je fonce me réfugier dans la chambre de mes parents. J'ai besoin des bras de ma maman, elle seule peut trouver les mots justes pour m'apaiser. Et le moins qu'on puisse dire, c'est qu'elle les a trouvés :

« Ma chérie, je sais bien que c'est très difficile, mais garde tes larmes pour des choses plus importantes ! Les hommes n'en valent pas la peine. Ce sont tous des chiens ! Y compris ton père et ton frère ! »

Même mon frère ? Son propre fils ? C'est énorme ! Si je me faisais quelques illusions sur la gent masculine, là, je suis définitivement calmée. Je t'adore, Maman, tu es une tueuse !

Le temps faisant son œuvre, je reprends ma vie, cumule deux boulots – hôtesse et mannequin-cabine – ce qui me permet enfin de joindre les deux bouts, mais là encore, la vie que je mène ne me convient pas. Dans les salons, les gens passent sans me voir, sans me parler si ce n'est pour recueillir une information.

Je suis payée pour être jolie et sourire toute la journée. En résumé : sois belle et tais-toi. Une plante verte, en quelque sorte. J'ai le sentiment de ne pas exister. Être mannequin ne me valorise pas davantage. La femme que je suis disparaît sous les tenues que je porte. Je ne suis rien ni personne. Réduite à un rôle de portemanteau. Je pourrais crier à tue-tête que j'ai aussi un cerveau, personne ne m'entendrait. Je suis transparente.

Lorsque je me retrouve face à moi-même, je prends conscience que je ne peux plus continuer ainsi. *Non mais qu'est-ce qui cloche dans ma vie ? Je vaux mieux que ça. Ce n'est plus possible ! J'ai besoin d'être reconnue à ma juste valeur. Mais que faire pour prouver que je ne suis pas qu'un physique ? Et en même temps, sans diplôme ni formation, qui voudrait de moi ?*

Mon avenir, je l'imagine autrement.

Un soir, Miss Paris me présente à l'un de ses amis, Harold, un apporteur d'affaires dans l'immobilier qui propose des produits *off market* de luxe. Fascinée, je l'écoute me décrire les appartements somptueux dans les quartiers prisés de la capitale, les hôtels particuliers, les lofts qu'il vend à une clientèle fortunée. Je me prends à rêver et, avec toute la spontanéité de mon jeune âge, lui propose mes services : « Accepterais-tu de me prendre avec toi comme stagiaire ? J'adore négocier, j'ai du culot et du bagout... »

Contre toute attente, Harold accepte. Je deviens alors son assistante. Là où il va, je le suis, apprends les ficelles du métier et de la négociation. Grâce à lui, je rencontre des oligarques russes, des princes saoudiens, des personnes richissimes à la recherche d'un pied-à-terre à Paris. Je me trouve très rapidement confrontée à une difficulté majeure : la pratique de l'anglais. Par chance, mon petit ami grec Christos vit à Londres. Je le rejoins tous les quinze jours et, en deux ans, je deviens *fluent,* comme disent les Anglais. Je découvre un univers dont j'ignorais l'existence, à mille lieues du mien mais dans lequel je me fonds avec délice. Je m'enrichis intellectuellement. Au fil du temps, je crée des liens, élargit mon réseau.

« Tu as beaucoup appris, me dit un soir Harold à la suite d'un rendez-vous fructueux. Travaillons vraiment ensemble.

– C'est-à-dire ?

– Essaye de nous trouver de potentiels acheteurs ou vendeurs ! »

Il ne m'en faut pas plus pour me remettre au travail. J'arpente les cocktails, les dîners et les soirées mondaines. Sans aucune retenue, j'aborde les invités, engage la conversation sur le sujet, à l'affût d'un bien. Je me découvre une qualité que je n'aurais jamais soupçonnée : la mise en relation. Je dégote ceux qui veulent vendre et ceux qui veulent acheter, les connecte, jusqu'au jour où je conclus ma première vente.

Mon réseau s'étend à présent dans les pays du Moyen-Orient, en Asie, en Russie et en France, de Paris à Monaco en passant par Saint-Tropez. Je fais preuve d'un sens de l'organisation et d'une capacité de concentration que j'ai appris au cours de mes années de médecine. Je poursuis dans cette voie sans pour autant mettre un terme à mes activités d'hôtesse et de mannequin car je dois me rendre à l'évidence : l'immobilier ne me fait pas vivre. J'empoche quelques maigres commissions par-ci, par-là qui ne suffisent pas à assurer mon train de vie, bien que modeste. Au bout de deux ans et demi, je me cherche toujours.

Lors d'un week-end chez mes parents, je décide de confier mes états d'âme à mon père. Il me connaît bien et ne semble pas surpris de me voir débarquer dans le salon. Je n'attends de lui ni compassion, ni empathie. Il n'est pas le genre à me consoler. À ce sujet, un souvenir me revient en mémoire. J'ai 10 ans, mon père décide de m'emmener faire une balade à vélo. Avant de partir, il m'explique qu'il faut utiliser le frein droit dans les descentes pour éviter de tomber. J'enregistre l'information. Nous pédalons tranquillement quand, à quelques mètres, j'aperçois une route pentue sur laquelle je m'engage. Rassurée par les conseils de mon père, je presse le frein droit pour ralentir, mais mon vélo s'emballe. Le corps propulsé en avant, je tombe violemment sur le goudron et termine ma course en sang et en larmes. Trente ans après, j'en garde toujours une cicatrice sur le coude gauche. Au lieu de me réconforter, mon père s'énerve contre moi, me reprochant d'avoir fait n'importe quoi. Lorsque nous regagnons la caravane dans laquelle nous passons quelques jours de vacances, je l'entends avouer à ma mère qu'il s'était trompé et avait monté les freins à l'envers. Il a gardé ce secret pour lui et ne m'en a jamais parlé. Il ne s'est jamais excusé. Mon père est un homme dur d'apparence qui ne manifeste pas ses sentiments. Jamais un « je t'aime » ni une marque d'affection. Je me suis souvent demandé si ma course effrénée vers le succès et les exploits professionnels ne cachaient pas chez moi un besoin de reconnaissance, un désir fou de briller à ses yeux, de l'épater. J'attends souvent un mot ou un geste de sa part, qui surgissent parfois de manière inopinée, mais ils sont rares. Je n'ai aucun doute sur l'amour qu'il me porte et c'est pour cette raison que je me tourne vers lui ce jour-là :

« Papa, je peux te parler ?

– Que se passe-t-il ?

– Je ne vais pas très bien. Je ne suis pas satisfaite de ma vie.

– Tu n'as pas besoin de me le dire, je le constate chaque fois que tu rentres à la maison.

– J'ai l'impression de stagner, de me gâcher, de ne pas aller au bout de mes capacités. Je suis frustrée en permanence et deviens agressive. Je pète un câble, je m'ennuie à mourir. Je ne sais pas quelle direction prendre dans ma vie. »

Mon père reste silencieux, attentif à mes propos, ce qui me pousse à approfondir ma réflexion :

« J'aime négocier, mettre les gens en relation, mais le sport me manque cruellement. J'ai besoin d'adrénaline... Bref, je suis perdue. »

Il réfléchit quelques instants, puis me suggère une idée :

« Tu aimes négocier et le sport te manque ; alors associe tes deux passions et deviens agent.

– Agent ? C'est quoi agent ?

– C'est quelqu'un qui négocie les contrats des sportifs, qui leur trouve des clubs.

– Mais agent dans quelle discipline ? Le volley ?

– Pourquoi pas dans le foot ? Tu adores ce sport ! Je suis bien implanté aux Émirats arabes unis, j'ai quelques contacts en France, je pourrais peut-être t'aider. Mais je préfère te prévenir, la licence est extrêmement difficile à obtenir. »

Je repense alors à un homme dont j'ai fait la connaissance à Paris : Laurent Laffitte, l'un des meilleurs agents de rugby. Un beau brun ténébreux, sûr de lui et charismatique. Je l'admirais car il incarnait le succès à travers son style de vie luxueux, ses vêtements élégants et ses sorties fréquentes dans les endroits huppés de la capitale. Il représentait le modèle rêvé de l'agent.

Je reprends mes esprits puis, à nouveau pleine d'espoir, conclus la discussion en m'adressant à mon père : « Tu as raison. C'est une très bonne idée. Je vais me renseigner. »

Nous sommes en décembre 2009, j'apprends qu'une session pour passer la licence est prévue en avril 2010. Il ne me reste que quatre mois pour travailler et décrocher le sésame. Ce concours, organisé par la FIFA et la FFF, est ouvert à tous, quel que soit le niveau d'études. Pour éviter de se rétamer, il est préférable de posséder de solides connaissances juridiques en droit des contrats, des sociétés, du travail, des associations, du sport, droit à l'image, droit fiscal, règlements fédéraux, etc. En somme, tout ce que je n'ai pas ! Autant dire que c'est du chinois pour moi. Parlez-moi plutôt d'anatomie, de physique-chimie, moléculaire ou cellulaire ! L'examen se compose de deux parties : un tronc commun pour tous les sports et une partie spécifique au football, réputée pour être la plus difficile de toutes les disciplines. Je dois avoir au moins 10 sur 20 dans la partie générale, et 14 sur 20 dans celle sur le foot.

Sans perdre une minute, je compose le numéro de Laurent Laffitte pour lui faire part de ma décision et lui demander son avis.

Laurent reste silencieux quelques secondes puis éclate de rire. « Tu as fumé ou quoi ? me dit-il. C'est la licence la plus difficile à obtenir ! »

Je tombe de haut, j'étais persuadée qu'il m'encouragerait dans cette voie. Je le laisse cependant terminer sa tirade :

« Je sais que tu es une femme intelligente. Mais quand même ! Sonia, tu n'es pas sérieuse ? La prochaine session d'examen est dans seulement quatre mois ! Une personne sensée qui ne possède aucun bagage en droit ne peut pas imaginer obtenir cette licence en si peu de temps. Oublie, c'est injouable ! » Puis il rajoute : « Et puis, admettons qu'un miracle se produise, comment vas-tu entrer dans ce milieu ? C'est la jungle ! Reste dans l'immobilier ! »

Je sais que ses propos ne sont pas dirigés contre moi. Je ne ressens aucun mépris dans sa voix. Il se doit de me mettre en garde en ami bienveillant et protecteur.

Ses conseils sont précieux, j'en tiens compte mais la décision finale m'appartient. Et ma décision est prise : cette licence, je vais la passer et je l'aurai ! Je raccroche, plus déterminée que jamais. Enfin, un vrai challenge s'offre à moi.

Je n'ai absolument rien à perdre. De toute façon, je ne me suis jamais considérée comme une personne sensée. Déjà toute petite, vers l'âge de 4 ou 5 ans, j'étais persuadée de pouvoir communiquer avec deux extraterrestres du nom de Jupitersi et Jupitersa, habitants, comme vous l'aurez deviné, de la planète Jupiter. Cela a duré des années. Ma pauvre maman était si inquiète pour ma santé mentale qu'elle a sérieusement pensé à me faire consulter.

Avec le temps, le champ des possibles s'est naturellement rétréci. Je ne cherche plus à entrer en contact avec un monde parallèle, bien que, dans le milieu du football, il m'arrive souvent d'échanger avec de sacrés spécimens. Aujourd'hui, mon moteur, la source de ma motivation est d'essayer de faire bouger les lignes. Pour y parvenir, j'ai une botte secrète, un enchaînement de mots qui me booste. Ces mots, je les dois à deux marques importantes à mes yeux, Nike et Adidas. Comme je n'ai jamais réussi à choisir entre les deux, j'ai associé les deux slogans : *Impossible is nothing, just do it*. « Rien n'est impossible, fais-le ! » Depuis ce jour, chaque matin, avant de commencer ma journée, j'utilise cette routine, et putain, qu'est-ce que ça motive !

En pianotant sur le site de la FFF, je découvre qu'il faut envoyer son CV et un chèque de deux cents euros pour s'inscrire, ce que je fais dans l'instant. Jusque-là, c'est dans mes cordes. Quelques jours plus tard, je reçois à mon domicile un document rédigé par la Fédération, listant ce que je dois étudier ainsi qu'un fascicule intitulé « La charte du football professionnel ». C'est parti !

Je me mets au travail et, parallèlement, deviens hôtesse-réceptionniste dans une banque d'affaires japonaise tous les après-midi, ce qui me laisse les matinées pour plancher sur l'examen. Mon job consiste à répondre au téléphone, recevoir les clients, les installer et préparer les cafés. Je passe une grande partie de mon temps à perforer des feuilles pour en faire des cahiers. Je deviens experte en reliure spirale. Cet emploi alimentaire me fait prendre conscience que je ne veux plus de cette vie.

Clouée sur mon siège, derrière le comptoir de la réception, je vois passer chaque jour des jeunes gens de mon âge, accomplis professionnellement. Je les observe, sûrs d'eux, épanouis. Ils ont trouvé leur voie et une place dans cette société. Tout ce qui me manque cruellement. Ils s'adressent à moi sans même me voir. Je n'existe pas pour eux, mais eux existent pour moi car ils représentent tout ce que je rêve de devenir.

J'ai 24 ans, l'âge où l'on commence sa vie professionnelle, où certains l'ont même déjà construite. Moi, j'en suis toujours au même point, mais je peux toujours compter sur ma motivation, ma détermination et le soutien infaillible de ma famille.

Un soir, alors que je m'apprête à quitter mon lieu de travail, une jeune femme s'adresse à moi : « Bonsoir, j'ai besoin de ces reliures dans une heure au plus tard, c'est urgent ! m'ordonne-t-elle en posant une montagne de feuilles sur le comptoir. »

Non mais quelle garce !

Je regarde la pendule accrochée au mur qui affiche 19 h 45, et lui dis : « Il est déjà très tard, je termine à 20 heures je n'aurai jamais le temps.

– Ce n'est pas mon problème, répond-elle d'un ton méprisant, puis sans un regard, tourne les talons. »

Je m'exécute car j'ai un besoin vital de gagner de l'argent. Il m'arrive de craquer, alors je me répète les mêmes phrases : *Ce boulot n'est que provisoire, tu vas y arriver ! Tu as tout à disposition pour t'aider à bien préparer ton examen : l'imprimante, les stylos, les stabilos, alors profites-en !*

Je jongle entre mon travail et mes études. Je ne sors plus, prends à peine le temps de me nourrir. Je pèse 56 kg pour 1,81 m, mes traits sont tirés, l'épuisement se lit sur mon visage mais je reste motivée. Je me transforme en machine de guerre, me fabrique des dizaines de cahiers que j'apprends par cœur. Des années d'études à ingurgiter en seulement quatre mois : réglementation nationale et internationale du football, droit du sport, droit du travail... Je me tue à la tâche, j'y crois, me donne à fond avec toujours cette certitude que j'y arriverai. *IMPOSSIBLE IS NOTHING, JUST DO IT.*

15 avril 2010 : enfin le grand jour ! Comme par hasard, ce jour-là, je suis malade comme un chien. Je prends une journée de congé pour passer l'examen qui se déroule au Stade de France. Ce n'est pas la première fois que j'entre dans l'antre du football français. Je me souviens l'avoir visité avec mon père et mon frère. Je suis émerveillée, intimidée et stressée car l'enjeu est important. Je suis lucide : si j'échoue, je ne trouverai pas le courage de recommencer. Les cartouches sont vides. C'est maintenant ou jamais ! Je compte sur ma bonne étoile.

La salle se situe au sous-sol. Nous sommes quatre cents dont 10 % de femmes. Comme quoi, je ne suis pas la seule cinglée. Je m'installe en attendant qu'on nous distribue les sujets. J'ai quatre heures devant moi pour répondre à toutes les questions. La pression monte. Je parcours la feuille concernant la partie spécifique au foot. Il s'agit d'un QCM. Je planche sans lever la tête. Au bout d'une heure à peine, je constate qu'un grand nombre de candidats a déjà quitté la salle. Ont-ils déjà terminé alors que je n'en suis qu'à la moitié de mon devoir ? Je flippe sans pour autant me déconcentrer, puis me replonge dans mes feuilles. Je me remémore tout ce que j'ai appris durant tous ces mois, bute sur certains points que je laisse de côté pour y revenir. Quatre heures plus tard, la voix du surveillant marque la fin des épreuves. Nous ne sommes plus que deux. Je prends mon sac et quitte la salle. Les dés sont maintenant jetés.

Le soir, ma meilleure amie, Emma Vives, m'invite à l'accompagner à une soirée pour me changer les idées. Elle partage la vie de Denis Charvet, ancien rugbyman professionnel très introduit dans le milieu du sport. Il me présente Basile Boli, Yannick Noah, Bernard Laporte et Michel Moulin, un entrepreneur français passionné de foot. Tous se montrent bienveillants à mon égard.

« Ne t'inquiète pas, ça va aller, me dit Basile.

– Mais oui ! tu vas l'avoir, ta licence », renchérit Bernard Laporte.

Je suis reconnaissante de l'empathie qu'ils me manifestent, mais ne suis pas dupe. Je sais pertinemment ce qu'ils doivent penser : « la pauvre, elle rêve ! Elle ne l'aura jamais ! » Je n'y crois pas, moi non plus. Je me souviens n'avoir pas su répondre à certaines questions, m'être emmêlé les pinceaux. C'est foutu !

Un mois plus tard, en mai 2010, alors que je m'acharne à relier un cahier, je reçois un appel de ma mère. Je cours me réfugier dans les toilettes en demandant à mon binôme qui s'appelle aussi Sonia de bien vouloir me remplacer quelques minutes. La voix de ma maman est tremblante.

« Que se passe-t-il ?

– Je crois que tu l'as eue !

– Quoi ?

– Je crois que tu as eu ta licence. Je suis à la poste... attends, je vais m'asseoir et je lis tes résultats pour être sûre que je ne me trompe pas. »

J'ai le souffle coupé, suspendue aux paroles de ma mère. Je n'ose pas me réjouir, peut-être a-t-elle mal compris.

« Tu as eu 14 sur 20 en foot et 11,5 dans la matière générale. »

Mes jambes ne me portent plus. Je me laisse glisser le long du mur, et fonds en larmes tout en me répétant à haute voix : « Je suis agent FFF, je suis agent FFF ! »

Mon rêve s'est réalisé. J'ai atteint le graal. Je me suis accrochée et mes efforts ont été récompensés, je l'ai eue !

Sur quatre cents candidats cette année-là, seuls dix-huit l'ont obtenue dont une femme : moi !

Je viens de prouver aux autres et à moi-même que j'ai un cerveau et que je suis même capable de réussir là où un grand nombre a échoué. Jusqu'à présent, je n'étais qu'un corps, la licence m'a habillée. Comme par magie, elle m'a rendue intéressante et digne d'intérêt.

Fière de moi, je m'empresse d'appeler mon père qui se trouve au Qatar. J'ai du mal à parler tant les sanglots étouffent ma voix.

« C'est au sujet de ta licence, me demande-t-il ?

– Oui, papa ! »

Sans écouter ce que j'ai à lui dire, il me dit : « Ce n'est pas grave, ne pleure pas ! Tu savais que ce serait difficile, tu vas trouver autre chose.

– C'est pas ça ! » Parvenant enfin à ravaler mes larmes, je lui annonce : « Je l'ai eue ! J'ai obtenu ma licence de foot ! »

Un silence…

« Attends un instant, je me gare. Non ! je ne te crois pas ! »

Mon père ne trouve pas les mots. Cette fois, il n'a pas besoin de me parler pour que je ressente son immense fierté. Puis, dans un souffle, il finit par me dire : « Je savais que tu étais capable de prouesses, mais là ! »

Ce diplôme m'a donné une légitimité dans ce milieu qui fait tant rêver. Je vais enfin pouvoir envisager un avenir. Par prudence, je décide de conserver mon job à la banque en attendant de gagner ma vie en tant qu'agent. Mais une surprise de taille m'attend : mon CDD n'est pas renouvelé. « Une femme s'est plainte de ton manque de réactivité et de professionnalisme », m'annonce la directrice de l'agence pour laquelle je travaille.

Mon bonheur est tel que je ne cherche même pas à connaître l'identité de cette personne, ni sur quels éléments cette dernière s'est basée pour provoquer le non-renouvellement de mon contrat de travail, même si j'ai ma petite idée. Je décide, malgré tout, d'envoyer un e-mail commun aux employés de la banque pour annoncer mon départ. Je termine par ces mots : « J'ai obtenu ma licence d'agent sportif FFF. Je m'envole pour l'Afrique du Sud et la Coupe du monde de football. Prenez soin de vous, sportivement, Sonia. » Je n'ai évidemment pas les moyens de m'envoler pour l'Afrique du Sud, je trouve juste classe de l'écrire ainsi.

Quelques minutes plus tard, des dizaines de messages de félicitations affluent sur ma boîte mail. Je suis même invitée à monter, pour la première fois en six mois, à l'étage pour un pot de départ.

Oui, le football fait rêver, quel que soit le milieu social, même le plus aisé. Je l'ai constaté plus d'une fois, et notamment neuf ans plus tard, en novembre 2019, lorsque je serai invitée à Nice par le prestigieux Institut Choiseul qui publie chaque année le classement des cent personnes de moins de 40 ans les plus importantes dans le sport business en France. Cette année-là, il s'agit du classement des cent de moins de 40 ans qui comptent dans le business en Afrique. J'arrive 15e du classement Sport Business.

Je le resterai pendant six ans. En 2023, je gagnerai une place et en 2024, deux places. Je suis donc 12e.

Au cours de ce dîner, je suis placée à une table où ne se trouvent que des entrepreneurs au chiffre d'affaires impressionnant ainsi que d'illustres personnalités africaines. Ma présence ne me semble pas justifiée. Qui suis-je pour figurer parmi eux ? Je ne gagne pas le dixième de ce qu'ils gagnent, voire le centième pour certains, et ne représente que moi-même ! Chacun décline son identité puis, quand arrive mon tour, j'annonce timidement que je suis agent de foot FFF. Soudain leur attitude change. Il a suffi que je prononce le mot « football » pour devenir l'attraction du dîner. Ces hommes qui, quelques minutes avant, se glorifiaient de leur réussite dans le digital ou la data ont cessé toute conversation pour me harceler de questions sur les coulisses de cet univers, la vie de tel ou tel joueur, les ragots, etc.

C'est la force et la magie de ce sport : il nous rend uniques et importants.

Cette licence m'a donné confiance en moi. Je ne suis plus seulement un corps, je suis un cerveau aussi. J'ai réussi à atteindre l'impossible, l'inaccessible parce que je n'ai jamais cessé d'y croire. Aujourd'hui encore, sur les 500 agents licenciés, 5 % sont des femmes. Parmi elles, très peu travaillent.

Quelques jours après l'obtention de mon diplôme, je reçois une simple carte en plastique où sont inscrits mon nom, le numéro de licence et le logo de la FFF. Ma seconde vie peut enfin commencer…

Chapitre 4

NAGER À CONTRE-COURANT

L'année 2010 est marquée par le fiasco de l'équipe de France à Knysna, en Afrique du Sud. Ce 20 juin, au lendemain de mes 25 ans, le pays et les Bleus deviennent la risée du monde. Il faut reconnaître qu'ils ont fait très fort. Les caméras du monde entier sont braquées sur ce satané bus dans lequel les joueurs se planquent. Comme tous les Français, je reste sidérée devant mon poste de télévision. Ils vont bien finir par sortir quand même ! Rien à faire. Tu parles d'un cadeau d'anniversaire. Je suis abasourdie, c'est la *hchouma* ! Cet événement m'a fait comprendre que les joueurs de l'équipe de France n'étaient pas des super héros invincibles, mais des êtres humains faillibles et capables de commettre les pires erreurs. J'ai tellement honte pour mon pays, pour le football français et pour la Fédération française de football, réputée dans le monde entier. Comment a-t-on pu merder à ce point ?

Si j'ai souhaité plus que tout obtenir la licence d'agent sportif FFF sans avoir jamais pratiqué le football, c'est en grande partie grâce au phénomène Black-Blanc-Beur qui a vu le jour en 1998 en France. Alors que je n'avais que

13 ans, cette Coupe du monde m'a profondément marquée. Elle reste gravée dans l'histoire comme un moment magique où la France s'est unie autour de sa diversité. À travers leurs exploits sportifs, les joueurs ont transcendé les divisions pour représenter un pays soudé où les différences étaient enfin célébrées. Grâce à nos Bleus, nous étions tous fiers d'être français. Il me suffit d'y repenser pour que l'émotion me gagne à nouveau. Depuis, aucun sport, aucun événement ne m'a procuré cette même sensation. Mon cher papa avait, tant bien que mal, réussi à dégoter des places pour mon petit frère et moi afin que nous puissions vivre ces moments de l'intérieur. Toucher ce rêve du bout des doigts. C'était le 11 juillet 1998, au Parc Lescure de Bordeaux pour le match Italie-Chili, je m'en souviens comme si c'était hier. Pour la première fois, je pénétrais dans un stade de cette envergure. Plus de barrières sociales ni de couleur de peau, nous n'étions plus que des supporters passionnés, unis par une seule cause : le ballon rond. Les chants retentissaient dans les tribunes, mélangeant les voix de tous horizons. Les drapeaux flottaient au vent, arborés fièrement par des fans de toutes origines. Seul le football peut provoquer de telles émotions car il devient, comme par magie, le langage universel de la camaraderie et de la fraternité. C'est pour cette raison que Knysna restera pour moi un véritable traumatisme. En à peine douze ans, cette équipe de France nous a fait passer de la fierté à la honte nationale.

Cet événement dramatique qui survient à peine un mois après l'obtention de ma licence n'altère en rien ma motivation ni ma détermination. Le monde du football m'a toujours fait rêver, et, aussi loin que mes pensées me portent, je n'aurais jamais imaginé y travailler un jour. Moi, la petite Sonia qui a grandi tout près du stade Gabriel-Montpied du Clermont Foot, dans le quartier du château des Vergnes à Clermont-Ferrand, terre de rugby, je suis officiellement devenue agent FFF. Je me pince en me répétant sans cesse : *Sonia, tu es agent de football !* Mon père avait raison lorsqu'il me disait : « Je crois en toi, tu es une battante et tu vas y arriver », tout en rajoutant quand même : « mais j'ai peur pour toi car la montagne à gravir est très haute ». J'ai probablement occulté cette dernière phrase car naïvement je pensais avoir réalisé le plus difficile en décrochant ma licence.

En théorie, je suis incollable, mais en pratique, je n'y connais rien. Que signifie « être agent » ? Comment travaille-t-on au quotidien ? Comment dois-je m'y prendre pour me lancer ? Qui contacter ? Si seulement ces réponses se trouvaient dans un livre ! Mes proches s'inquiètent pour moi, ils voient bien que je patine et que je commence à sérieusement déchanter. Ce n'est pas cette carte plastifiée, si convoitée soit-elle, qui va me nourrir. Certains tentent encore de me dissuader : « Tu vas perdre ton temps ! Lâche l'affaire, tu n'y arriveras jamais. » Ils argumentent en évoquant un milieu très fermé dans lequel on ne peut entrer qu'à condition d'avoir un réseau et des moyens financiers pour payer les déplacements, les hôtels et les nombreux restaurants. Je ne possède rien de tout cela. Je n'ai aucune connaissance de ce monde, et surtout, aucune légitimité pour prétendre discuter avec un directeur sportif ou un président de club. Je prends conscience de partir de très loin. Je réalise aussi que je démarre ma carrière avec un handicap majeur : celui d'être une femme. On m'avait pourtant mise en garde sur la difficulté de la gent féminine à travailler dans le monde du football, on m'avait prévenue que très peu de femmes exerçaient le métier d'agent et surtout qu'aucune d'entre elles ou presque ne parvenait à en vivre. J'avais également entendu parler de Marianne Mako – paix à son âme – licenciée par le célèbre commentateur Thierry Roland tout simplement « parce qu'elle n'était pas un homme ». De saison en saison, cette pionnière du journalisme sportif, qui rêvait juste de faire ce métier-là, a encaissé sans broncher la misogynie ambiante, les insultes et les sarcasmes liés à son statut de femme, l'humour gras et en dessous de la ceinture des ultras marseillais, un soir de match : « Marianne Mako est à genoux, elle nous suce le bout. » Elle a balayé d'un revers de main les remarques sexistes de ses collègues masculins, comme celle de Jean-Claude Dassier qui déclara un jour dans les colonnes de *L'Équipe* : « une femme commentant un match de foot ne serait pas crédible ». Elle a résisté jusqu'au jour où, trop meurtrie par son éviction, elle a abandonné la scène footballistique pour se reconvertir dans la communication.

Je n'ignore rien des obstacles qui m'attendent, des remarques déplacées que j'aurai à encaisser et des efforts surhumains que je devrai fournir pour paraître crédible, mais je refuse de me laisser envahir par la peur. Je suis persuadée que mon sérieux et mes compétences feront oublier le reste. Envers et contre tous, j'y arriverai.

Faut-il avoir une sacrée dose d'inconscience pour persévérer et avancer ? Ou être un peu toqué de la tête ? Je l'ai toujours été mais je reste malgré tout lucide. L'image de l'agent qui gagne des millions d'euros avec deux téléphones greffés dans chaque main et qui ne se déplace qu'en jet privé n'est qu'un pur fantasme, ou alors ne représente que 1 % des agents sportifs. Je le sais, et pourtant... Si j'avais dû me fier aux prédictions de mon entourage, jamais je n'aurais passé ma licence. Alors, pourquoi renoncerais-je aujourd'hui ? Lorsque des jeunes femmes m'appellent pour me questionner sur ce métier, je ne les décourage jamais. Au contraire, je ne cesse de leur conseiller de ne pas perdre espoir : « Accrochez-vous, c'est un métier très difficile, surtout pour une femme. Mais difficile ne signifie pas impossible. » À mon tour de transmettre ce que je sais et ce qu'on m'a donné.

Ma priorité est, avant tout, d'apprendre le métier. Pour cela, je dois choisir un agent que je suivrai dans son quotidien. Et tant qu'à faire, autant choisir le meilleur ! Je connais quelques personnes bien placées qui m'aideront dans ma démarche. Bercée par mes illusions, je n'ai aucun doute sur l'accueil qu'ils me réserveront. Après tout, je ne demande pas à être embauchée !

Grâce à mon réseau, je décroche un rendez-vous avec Régis Brunet, un ancien joueur de tennis, devenu le boss d'IMG France, l'une des agences les plus importantes dans le sport business : management sportif, organisation d'événements, gestion des droits, conseils en marketing sportif, etc.

Je me rends au siège. L'accueil qu'il me réserve est plutôt chaleureux.

« Félicitations pour votre licence », me dit-il en me serrant la main. Puis, avec un léger sourire, il ajoute : « Et puis, félicitations aussi car vous avez du réseau. Ce n'est pas évident d'obtenir un rendez-vous avec moi. »

Je reste perplexe par cette réflexion qui me semble tout de même légèrement prétentieuse.

« Je vous écoute... »

À moi de jouer !

« Comme vous le savez, je viens d'obtenir ma licence. Le problème, c'est que je ne connais rien à ce milieu. J'aimerais faire un stage avec un agent expérimenté pour apprendre le métier. Pensez-vous que c'est possible ? »

Sans même réfléchir, il m'annonce : « Absolument, je vais demander à Bruno Satin, le directeur Monde du département Football d'IMG, de vous recevoir. S'il accepte de vous prendre sous son aile, en quelques mois, ce métier n'aura plus aucun secret pour vous. »

Ce nom ne m'est pas inconnu. Bruno Satin est l'un des plus gros agents français du moment. Trop beau pour être vrai. Il ne me reste plus qu'à espérer que Régis tienne parole. Quelques jours plus tard, un rendez-vous est fixé avec Bruno Satin.

Cet homme élégant en impose par sa carrure et sa prestance. Une sorte d'ours mal léché, froid et un peu distant. Je me rassure en me disant qu'il s'agit seulement d'une carapace. Il m'invite à m'asseoir face à lui. Je sens tout de suite qu'il me reçoit uniquement parce que son patron le lui a demandé. À travers son regard qui me scanne de haut en bas, je comprends qu'il est surpris de voir débarquer la très jeune femme que je suis. Pire, ses yeux écarquillés me donnent l'impression d'arriver d'une autre planète.

Il me fait grâce de toute réflexion et entre dans le vif du sujet : « Je vais être honnête avec vous. Les chances de réussir dans ce métier pour un jeune homme de votre âge qui vient d'obtenir sa licence sont infimes, mais pour une femme, elles sont quasi nulles. »

Le ton est donné. Bruno Satin me parle cash. S'il pouvait me dire : « Pauvre fille, arrête de perdre ton temps ! » il me le dirait. J'encaisse les coups, mais tente malgré tout de faire bonne figure pour ne pas lui montrer ma vulnérabilité. Puis, il termine notre échange en enfonçant le clou au cas où je n'aurais pas compris : « Vous avez un réseau, c'est bien, mais que voulez-vous que je vous dise, Sonia ? C'est un milieu très fermé, ultra-concurrentiel. Il n'y a pas de place pour tout le monde. »

Que répondre à de tels propos ? Bruno Satin vient, lui aussi, de me faire comprendre clairement que je dois changer de métier. À aucun moment, il n'évoque l'éventualité de me prendre en stage. Je ne cherche même pas à le convaincre tant il est fermé et catégorique. La discussion s'arrêtera là.

Je le remercie de m'avoir reçue, et sors de ce rendez-vous dépitée et désorientée. Je ne lui demandais pourtant pas grand-chose, juste de le suivre, lui préparer ses cafés, l'écouter et apprendre. Mais à quoi bon perdre son temps avec moi puisque mon arrêt de mort est déjà signé…

Je me laisse quelques jours pour digérer cette première déconvenue puis reviens, plus déterminée que jamais à trouver un agent qui croit en moi. Pourquoi pas Jean-Pierre Bernès ?

La tâche sera rude pour accéder à lui car je m'attaque à une star ! À cette époque, il représente les plus grands noms du football français : Laurent Blanc, Didier Deschamps, Adil Rami, Franck Ribéry et tant d'autres… Je ne perds rien à essayer. Je me répète cette phrase pour m'encourager : *Sonia, si les portes de la maison de la vie se ferment devant toi, si malgré tous tes efforts tu ne parviens pas à les enfoncer, cherche les fenêtres, et s'il le faut, n'hésite pas à rentrer par la cheminée.* Reste à savoir par quel moyen je vais pouvoir l'atteindre.

Je repense au journaliste et ancien président du PSG, Charles Villeneuve, que j'avais rencontré grâce à mon réseau dans l'immobilier. Armée de mon culot légendaire, je lève mon téléphone et lui demande les coordonnées de Bernès.

« Je vais tout d'abord lui passer un coup de fil et reviens vers vous », me dit Charles.

En octobre 2010, je rencontre Jean-Pierre Bernès dans le salon d'un petit hôtel parisien du 8e arrondissement. Je suis très enthousiaste et honorée qu'un agent de cette dimension accepte de me consacrer du temps. Sous pression, le cœur battant, comme à chaque fois lors de rencontres importantes, j'essaye de prendre sur moi et d'adopter une attitude assurée. Je l'aperçois près de la fenêtre. Passionné par le journal qu'il tient entre les mains, il ne remarque pas que je suis postée devant lui.

« Bonjour Monsieur Bernès ! »

J'évite de lui serrer la main, car les miennes sont moites. Je ne tiens pas à ce qu'il perçoive mon stress.

« Bonjour Sonia », me dit-il en se levant.

L'homme est sympathique, ouvert à la discussion. Bien qu'intimidée de me trouver face à ce géant du football, je me sens rapidement à l'aise et accueille ses félicitations pour ma licence avec fierté.

Son attitude envers moi est respectueuse, bienveillante, pourtant après quelques minutes, la discussion devient moins fluide. Jean-Pierre Bernès cherche ses mots. La perspective de faire un stage chez lui s'éloigne. Je ne comprends pas.

« Sonia, comment vous expliquer ? me dit-il. Je vais vous donner un exemple. Comme vous le savez, je représente Frank Ribéry. Si demain, je vous envoie chez lui, pensez-vous vraiment qu'il va vous considérer comme un agent capable de s'occuper de sa carrière sérieusement ? »

Je ne me vexe pas, je saisis le sens de ses propos.

« Monsieur Bernès, je comprends votre réticence. J'ai à peine 25 ans, je suis une femme avec un passé de Miss qui ne joue pas en ma faveur, mais est-ce une raison pour me stigmatiser ainsi ? J'ai quand même prouvé mon sérieux en obtenant mon diplôme d'agent ; n'est-ce pas suffisant pour me donner une chance ? »

Sa réponse ne laisse plus aucune place au doute. Il se racle la gorge, puis rajoute :

« Vous pensez que la femme de Ribéry, ou de n'importe quel joueur d'ailleurs, serait heureuse de vous voir représenter son mari ? »

Je ne l'avais pas vue venir, celle-là. Je ne me démonte pas et, de but en blanc, lui rétorque :

« Prenez le risque de m'envoyer chez les Ribéry et vous verrez. Sa femme est d'origine algérienne, comme moi. Je suis certaine que nous aurons beaucoup de choses à nous dire et à partager. Et qui sait ? peut-être sera-t-elle sensible à ma vision féminine du football et à ma disponibilité certainement plus importante que la vôtre. »

Il esquisse un sourire sans pour autant rebondir sur le sujet. Jean-Pierre Bernès ne donnera pas suite à ma demande, mais à l'inverse de certains, je ne le sens pas figé dans ses certitudes. Quelque chose me dit que, si je fais mes preuves dans ce métier, nous nous reverrons. En effet, attentif à mon parcours et aux quelques « exploits » que je réaliserai, il me rappellera quelques années plus tard pour collaborer.

Les chances de trouver un agent se réduisent. Il ne me reste plus qu'à lever mon téléphone pour les appeler les uns après les autres. Sur une cinquantaine de noms que j'ai listés, j'ose espérer que l'un d'entre eux acceptera de me prendre en stage. Encore faut-il qu'ils me rappellent, et lorsque, par miracle, je parviens à les joindre, c'est toujours la même rengaine : « je suis désolé, je n'ai pas le temps » ou alors « non, c'est impossible ». S'ils pouvaient au moins changer de refrain. Tout est tellement prévisible.

Je me prends des claques, me heurte à des refus. J'avale sans broncher les couleuvres les unes après les autres. Les portes se ferment à triple tour. Je suis désemparée et finis par me rendre à l'évidence : pourquoi un agent accepterait de m'aider ? Quel serait son intérêt ? Je perds espoir jusqu'au jour où un certain Louis Denolle, agent sportif FFF, installé à Versailles, prend la peine de me questionner et de m'écouter. Je répète inlassablement le même discours :

« Je ne connais pas cet univers. Je n'ai aucune idée de ce qu'il faut faire, ce qu'il faut dire. Je voudrais juste passer du temps avec vous pour apprendre les rouages de ce métier. »

Après un échange fructueux, il finit par accepter.

« Je vous attends lundi. »

Après tant d'efforts, tant d'affronts, me voici enfin récompensée. Je me présente trois jours plus tard à son bureau, plus déterminée que jamais à découvrir enfin mon futur métier.

Louis Denolle n'est pas l'agent le plus prestigieux mais il jouit d'une belle réputation. Avec sa tête de premier de la classe, il me rassure par son sérieux, son professionnalisme et sa parfaite connaissance du milieu en France, à l'international, en Suisse et en Belgique en particulier. Je deviens alors son ombre. Grâce à lui, je découvre les clubs professionnels – AJ Auxerre, Stade de Reims, Le Havre, Le Mans... –, rencontre quelques joueurs, assiste aux rendez-vous et à certaines négociations. Je suis avide d'apprendre alors je le questionne sans cesse. Louis ne rechigne jamais à me donner des explications. Avec lui, je découvre l'envers du décor mais au bout de quatre mois, je dois mettre un terme à cette collaboration par manque d'argent... Je me retrouve au point de départ : sans réseau, sans savoir par où ni comment me lancer. Je constate en effet l'extrême difficulté à me faire une place dans ce milieu. Je me confie à ma meilleure amie, Emma Vives, qui tente de m'aider comme elle le peut. Elle m'organise un rendez-vous avec Michel Moulin, l'entrepreneur français passionné de foot que j'avais déjà rencontré le jour de l'examen d'agent sportif FFF. Touché par mon histoire, il me présente à Bertrand Benoît, le président du club d'Istres, décédé depuis. Cet homme changera ma vie quelques années plus tard en me présentant deux hommes clés : Patrick Esteves, qui deviendra mon associé, ainsi que Francisco, un agent espagnol, grâce auquel je rencontrerai David, l'homme avec lequel je vis aujourd'hui, le père de mes deux enfants. C'est ce qu'on appelle une rencontre existentielle.

Mais pour l'heure, je me débats comme je peux et finis par m'essouffler.

Un jour, alors que je me promène dans un parc avec mon amie Christy Taner, je reçois un appel de Laurent Laffitte :

« Sonia, il faut absolument que je te présente à mon associé, Pascal Forni, qui est l'un des agents les plus influents dans le rugby. Nous recherchons quelqu'un de confiance pour ouvrir le département foot de notre agence. Je lui ai parlé de toi. Il accepte de te rencontrer. »

À peine ai-je raccroché que je me jette dans les bras de Christy, ivre de joie et d'espoir.

Je suis au bord du précipice, je n'ai plus un centime en poche pour vivre et payer un loyer. L'idée de régresser en redevenant hôtesse ou mannequin est exclue. Je me trouve dans une impasse totale de laquelle seul un miracle pourrait me sortir. Et ce miracle est peut-être arrivé ! Si seulement ce type pouvait me faire confiance, je serais sauvée ! Il me semble avoir déjà entendu parler de lui. Cet homme s'est construit tout seul. Il s'est fait une place au soleil au panthéon du rugby national et international alors qu'il ne connaissait absolument rien à ce sport. Il sera probablement sensible à mon parcours, du moins, je l'espère…

Je me rends au siège de son agence situé dans le 16e arrondissement. Ce jour-là, je porte un manteau noir et blanc très élégant, un short, des collants et une paire de bottes. Accompagnée de Laurent Laffitte, je pénètre dans le bureau de Pascal Forni. La cinquantaine, une forte personnalité, ce dernier ne prend pas la peine de se lever et me reçoit le cigare au bec et les pieds sur son bureau. Il m'observe du coin de l'œil, me dévisage durant de longues minutes.

« Félicitations pour votre licence, me lance-t-il. Vous avez beaucoup de mérite ! J'ai envoyé quelques agents de rugby la passer, et aucun n'a réussi à l'obtenir. Que faites-vous en ce moment ?

– Pas grand-chose encore. J'ai suivi Louis Denolle, un agent sportif FFF, pendant quatre mois pour me familiariser avec le métier. J'ai également rencontré Jean-Pierre Bernès, Paul Le Guen, Charles Villeneuve… »

J'énumère tous les gens célèbres que j'ai croisés, histoire de me donner une petite importance, sans lui préciser par ailleurs que la plupart ont refusé de me faire travailler.

Pascal Forni ne rebondit pas sur mes propos, puis me demande :

« Si vous nous rejoigniez, comment verriez-vous les choses ? Quelle stratégie adopteriez-vous ? »

Sans trembler, je lui expose ma vision et mes ambitions : « J'aimerais développer des marchés encore inconnus à l'étranger, et notamment devenir une sorte de pont entre l'Europe et les pays du Moyen-Orient. Mon père est préparateur physique là-bas, je souhaiterais moi aussi m'y implanter. »

L'homme m'écoute d'une oreille. Avachi sur son bureau, il hoche la tête à chaque phrase que je prononce.

L'entretien se termine trente minutes plus tard, sans que je ne puisse déceler la moindre indication sur la suite des événements. Les jours qui suivent, je les passe les yeux rivés sur mon téléphone dans l'attente d'un coup de fil de Laurent. Je me refuse à l'appeler. Je ne veux pas passer pour celle qui quémande. Depuis que je navigue dans ce milieu, j'ai bien compris qu'il valait mieux faire envie que pitié, alors je tiens bon. Quelques semaines plus tard, n'y tenant plus, je craque et appelle mon ami. Ce dernier ne passe pas par quatre chemins pour m'annoncer la nouvelle que je redoutais tant :

« Je suis désolé, Pascal n'y croit pas.

– Je suis vraiment dégoûtée. Pourquoi ?

– Sonia, tu sais que je suis le premier à croire en toi, sinon je ne t'aurais jamais contactée pour ce poste. Mais je ne suis pas le seul à décider. Je ne veux pas te vexer mais je pense que Pascal n'a pas complètement tort de ne pas t'embaucher. Il voit bien à quel point il est difficile aujourd'hui de percer dans la jungle du football, et, que tu le veuilles ou non, tu n'as pas la tête de l'emploi.

– Comment ça ?

– Je ne vais quand même pas te faire un dessin ? Si ? Est-ce que tu vois Tarzan lorsque tu te regardes dans un miroir ?

– T'es con ! Arrête, Laurent, ce n'est pas drôle. Certes, je ne vois pas Tarzan mais je ne vois pas Jane non plus. Je peux comprendre la position de Pascal, mais je ne me suis pas lancée dans cette voie à l'aveuglette. Je sais ce que je vaux. Je sais que je peux y arriver, que je suis compétente. Mais là, tu vois, je manque de gaz, je suis au bout du rouleau. Laurent, j'ai vraiment besoin de ce job.

– Ne complique pas les choses, s'il te plaît. C'est déjà assez difficile pour moi. Mets-toi à notre place. En tant que patrons, on ne peut pas se permettre de prendre le risque de te faire entrer dans la boîte. Tu débutes dans ce métier avec de sacrés handicaps. Trouve le moyen de te faire les dents ailleurs, et qui sait ce que l'avenir nous réserve. »

Inutile de poursuivre la conversation, une fois encore, la douche est glacée. Je ne sais pourquoi Pascal Forni a pris la peine de discuter avec moi car à peine avais-je franchi la porte de son bureau que mon sort était déjà scellé.

Je suis désespérée, au fond du trou. Cette fois j'y croyais, me projetais, m'imaginais à l'origine d'un projet passionnant sur le foot. Encore une déception. Et pas la moindre.

Les jours s'écoulent… Mon téléphone reste cruellement muet. J'ai l'impression de passer ma vie à nager à contre-courant sans le moindre tronc d'arbre auquel me raccrocher pour reprendre mon souffle. Je reste au point mort, enfermée chez moi et déprimée. Il faut absolument que je trouve une issue pour m'en sortir. Je décide d'appeler mon père, alors préparateur physique dans un très bon club de football des Émirats arabes unis, Baniyas, situé à quarante minutes de la capitale, Abu Dhabi. Je lui fais part de mon désarroi :

« Papa, je n'y arrive pas. Je pensais avoir accompli le plus dur en obtenant ma licence, mais je m'aperçois que ce n'était rien à côté de ce que j'endure. Je ne suis pas considérée. Je ne sais pas ce que je vais devenir. Je suis épuisée de squatter chez les uns et les autres. Ce n'est pas une vie. Ça fait deux ans que je dors sur un canapé ! J'en peux plus !

– Viens me rejoindre ! me propose mon père spontanément. Tu n'auras aucuns frais. Tu seras logée, nourrie et je te prêterai ma voiture quand tu en auras besoin. C'est un petit pays, il y a plusieurs clubs professionnels, et les dirigeants sont beaucoup plus accessibles qu'en Europe. Avec ton culot et ta forte personnalité, je pense que tu peux développer un réseau.

– Tu crois que c'est une bonne idée ?

– Oui, me répond-il d'un ton assuré. L'idée que tu as proposée à Pascal Forni est excellente. Ici, les Européens, et en particulier les Français, ont la cote. Tu as une carte à jouer.

– Je n'ai même pas de quoi payer du fromage et du ketchup pour relever le goût de mes pâtes, comment pourrais-je m'offrir un billet d'avion ? »

Je suis d'autant plus désespérée que je viens de me faire larguer comme une vieille chaussette par mon petit ami grec qui ne supportait pas que je ne puisse pas le suivre financièrement. Classe, non ? Ce n'est pas tout, il souhaitait aussi m'épouser dans une église orthodoxe, oubliant juste que je suis de religion musulmane. Un pur gentleman ! Je n'ai donc rien à perdre. Plus de boulot, plus d'argent, plus de mec, je suis en vrac, le cœur en miettes, persuadée que l'amour n'est pas fait pour moi et que je finirai seule. Mon salut, je ne peux le trouver que dans mon boulot auquel je dois m'accrocher de toutes mes forces.

« Ne t'inquiète pas pour ton billet d'avion, je te l'offre », me dit mon père.

Après de longues minutes d'hésitation, je finis par accepter sa proposition. Si la France ne veut pas de moi, alors je vais tenter ma chance là-bas.

Janvier 2011, je m'envole vers les Émirats arabes unis.

Chapitre 5

MIEUX VAUT FAIRE ENVIE QUE PITIÉ...

Abu Dhabi. Changement de décor. Une légère brise caresse mon visage. En ce début d'année, les températures restent encore douces et agréables. Le soleil brille intensément dans un ciel sans nuages, illuminant les gratte-ciel et les structures architecturales modernes qui se dressent devant moi. Je pose ma valise dans une ville qui ne chôme pas, en perpétuelle transformation et très poussiéreuse. Ici les buildings poussent comme des champignons.

Familiale, discrète, respectueuse des traditions, Abu Dhabi est le berceau protecteur de la culture émiratie. À l'inverse de Dubaï, exubérante, active, attractive qui, elle, est la vitrine internationale et touristique des Émirats. Ces deux villes, situées à seulement une heure de voiture l'une de l'autre, se complètent à merveille et se protègent aussi puisqu'en 2009 Abu Dhabi a volé au secours de Dubaï, en pleine crise financière.

Je marche quelques minutes pour m'imprégner de l'atmosphère. J'adopte immédiatement cet endroit et son mode de vie, je m'y sens en sécurité. Je peux poser mon téléphone portable sur la table d'un restaurant sans être angoissée à l'idée qu'un pickpocket ne se jette dessus, ou m'absenter en laissant mon sac à main sur ma chaise ; je les retrouverai à la même place à mon retour. Il paraît même que les gens laissent leur clé de voiture sur le contact et, plus fou encore, qu'ils ne prennent même pas la peine de fermer la porte de leur maison. Personne ne vole ici. Ma petite bombe lacrymogène planquée dans mon sac ne me sera d'aucune utilité. J'ai été téléportée sur une autre planète et, en quelques heures à peine, suis tombée sous le charme de ce pays.

Loin d'être incommodée de devoir porter des vêtements plus amples, je ne suis cependant pas obligée de me voiler. Chacun est libre de s'habiller comme il l'entend à condition de respecter les coutumes locales car, ne l'oublions pas, nous sommes dans un pays musulman.

Le lendemain de mon arrivée aux Émirats, me voici déjà au travail. Après une installation sommaire dans la chambre d'amis de l'appartement de mon père, je commence à recenser tous les clubs de la région afin de m'y rendre dans les plus brefs délais.

J'ai à portée de main douze clubs professionnels de football. Les entraînements étant ouverts au public, je décide d'y assister en espérant nouer quelques contacts. Je ne connais que quelques mots d'arabe, mais par chance, tout le monde parle anglais.

Direction le prestigieux club Al-Wahda à Abu Dhabi. J'ai la frousse à chaque fois que je prends la route. Avec leurs immenses 4 × 4, j'ai l'impression qu'ils vont m'écraser. J'arrive malgré tout entière au stade près duquel je gare la petite voiture de mon père. À l'arrière de l'enceinte, je remarque des personnes qui entrent par l'une des portes.

Je prends mon courage à deux mains et, avec assurance, leur emboîte le pas jusqu'au terrain. J'aperçois les joueurs, l'entraîneur, le staff technique et médical de l'équipe en pleine séance d'entraînement. Quelques hommes sont assis sur des chaises de jardin en plastique au bord du terrain.

Quelles que soient les saisons, les rassemblements sont programmés à la tombée de la nuit, en raison des fortes chaleurs, surtout en été. Ce soir, il fait frais. Je sors mon châle pour me réchauffer.

Je m'approche timidement du terrain et me dirige vers le seul siège disponible situé à la droite d'un homme qui me salue poliment. Je sens l'étonnement à travers certains regards aussi discrets que furtifs, et pour cause, je suis la seule femme. Un jeune Pakistanais s'approche de moi pour me proposer un verre de chai, le thé local. Surprise par sa délicate attention, j'accepte volontiers. Tout en regardant les joueurs s'entraîner, je jette un coup d'œil discret à l'homme assis près de moi. La quarantaine, plutôt élégant et soigné, une montre sublime au poignet. Il porte une dishdasha blanche, un vêtement long traditionnel, des chaussures ouvertes et un keffieh blanc noué sur la tête. Je comprends qu'il s'agit d'un membre de la famille royale des Émirats, propriétaire du club. Probablement l'un des princes. Ici, on les appelle des *cheikhs*. Je souris intérieurement en m'imaginant dans la même situation en France, assise tout près des joueurs, à siroter un thé offert par la maison aux côtés de Jean-Michel Aulas à l'Olympique Lyonnais ou de Nasser Al-Khelaïfi, au Paris Saint-Germain.

À ma grande surprise, l'homme se tourne vers moi et engage la conversation, curieux de savoir qui je suis et ce que je fais là.

« *French accent* ?

– Oui, je suis française. Je me présente, je m'appelle Sonia, je suis agent de foot en France.

– Agent en France ? » me demande-t-il avec un intérêt certain.

Mon père avait raison, le football français bénéficie d'une très belle image, alors j'en profite pour me vendre. Pour une fois que quelqu'un semble s'intéresser à moi ! Nous sommes en plein mercato d'hiver, et, éternelle optimiste, je me dis que j'ai peut-être encore une chance de concrétiser une signature.

« À qui dois-je m'adresser pour avoir des informations sur le recrutement du club ? Ça m'intéresserait de connaître les profils des joueurs ou des entraîneurs que vous recherchez. Je connais beaucoup de monde et je pourrais être un pont entre votre pays et l'Europe. »

J'énumère une fois encore les noms des personnalités importantes que j'ai côtoyées en France. J'enjolive ma réalité afin qu'elle paraisse plus attrayante.

En une demi-heure de discussion, j'en apprends plus qu'en un an à Paris. Armée de confiance, je quitte les lieux non sans avoir remercié le cheikh de m'avoir accordé un peu de son temps.

« Revenez quand vous le souhaitez », me dit-il.

Chaque jour, je choisis un club et me rends aux entraînements. De rencontres en rencontres, j'étoffe mon carnet d'adresses et, en à peine neuf mois, j'ai en ma possession un solide réseau. Lors de mes nombreuses conversations, je découvre que les clubs recherchent très souvent les mêmes profils de joueurs, la fameuse « colonne vertébrale » sur le terrain, à savoir un défenseur central, un milieu et un attaquant. Pour ces postes clés, ils privilégient le recrutement de joueurs étrangers expérimentés – au nombre limité –, entourés de joueurs locaux. Leurs demandes portent également sur des entraîneurs et leur staff.

Je reste en alerte, à l'affût de la moindre information qui m'offrira la possibilité de négocier mon premier contrat. À la minute où j'apprends qu'un club recherche un entraîneur, un directeur sportif ou un joueur, j'active mes relations en Europe, sollicite les quelques agents que je connais. Je cherche de mon côté quel profil correspondrait le mieux à la demande. Chaque fois, j'essaye d'anticiper les besoins des clubs. Dans ce milieu ultra-compétitif, je comprends qu'il faut toujours essayer d'avoir un temps d'avance sur les autres.

À force de persévérance, je me fais une petite place et un nom. Il faut dire que je suis facilement identifiable : une femme française, agent de football, cela ne court pas les rues. Je suis d'ailleurs la seule femme agent aux Émirats. Mon intégration est curieusement favorisée par le respect que les Émiratis vouent à la gent féminine. Si j'avais été un homme, cela ne se serait probablement pas passé aussi rapidement. Mais parce que je suis une femme, je suis traitée autrement, et surtout, prise au sérieux. À aucun moment je ne ressens, dans le regard de ces hommes, le mépris ou la condescendance dont j'avais tant souffert en France. Pour la très grande majorité, ils agissent tout simplement avec intelligence, faisant abstraction de mon physique pour ne voir en moi qu'une professionnelle du football qui pourrait éventuellement les aider. Les autres veulent carrément m'épouser. Je reçois d'ailleurs plusieurs demandes en mariage, que je décline, chaque fois, très poliment.

Les Émiratis font preuve d'une grande ouverture d'esprit. Je ne suis donc victime d'aucun a priori, d'aucun jugement. Je leur en serai d'ailleurs éternellement reconnaissante car, dès les premières semaines, je retrouve mon souffle, ma confiance et l'espoir qui commençaient à me manquer cruellement.

Après avoir rencontré un certain nombre de dirigeants, il me faut à présent trouver le moyen d'approcher les joueurs. Aussitôt dit, aussitôt fait. Grâce à l'aide de mon père, je décroche un rendez-vous avec le « Zidane » du Moyen-Orient : le très respecté Ismaïl Matar, un milieu de terrain qui évolue dans le club Al-Wahda, dont mon père fut à une époque le préparateur physique.

Pour convaincre ce joueur de renom de me rencontrer, mon père me vend comme agent français confirmé qui nourrit des projets intéressants pour lui.

Le rendez-vous est fixé dans le hall d'un hôtel luxueux à Abu Dhabi. Très rapidement, la discussion s'oriente sur l'avenir d'Ismaïl.

« Que veux-tu faire de ta carrière ? Par qui es-tu représenté ?

– Par moi-même, me répond-il.

– Mais qui négocie tes contrats ?

– C'est moi. »

À cet instant, je réalise que le meilleur joueur du Golfe n'a pas d'agent. Très vite je découvre qu'il est loin d'être le seul dans ce cas. Une aubaine pour moi ! Aucun d'entre eux ici n'est représenté alors qu'ils gagnent pour la plupart déjà très bien leur vie. Je dois absolument le persuader d'accepter la proposition que j'ai en tête. Si je réussis à signer Ismaïl Matar, la star des Émirats, les portes s'ouvriront pour moi ici, et en grand !

« Écoute, je pense que tu as besoin d'un agent. Il n'est jamais facile de négocier pour soi-même. »

Je le sens à l'écoute, curieux…

« Il est plus simple que quelqu'un s'occupe de toi. J'ai bien conscience que tu ne me connais pas et que la confiance se gagne avec le temps. C'est pour cela que je te propose de ne me rémunérer qu'en fonction de mes résultats. Si tu es satisfait de ma négociation alors seulement je percevrai mon dû. Tu as donc tout à gagner ! »

Pour mon plus grand plaisir, mon offre semble l'intéresser.

« Et l'Europe ? lui demandé-je.

– Quoi l'Europe ?

– Tu es un joueur talentueux et encore jeune, tu n'aimerais pas jouer en Europe ? Là où évoluent tous les meilleurs joueurs au monde ?

– Bien sûr, ce serait un rêve pour moi, mais crois-tu que mon CV pourrait intéresser un club ?

– La seule manière de le savoir est de proposer rapidement ton profil. Mais pour pouvoir te représenter, il va falloir que nous signions un mandat.

– Un mandat ? Qu'est-ce que c'est exactement ?

– C'est simplement un contrat qui m'autorise officiellement à te représenter en tant qu'agent partout dans le monde, dans un cadre précis, défini et validé ensemble pour une durée maximale de deux ans renouvelable. »

Je joins le geste à la parole en posant le document déjà rédigé en anglais sur la table. Il faut toujours battre le fer tant qu'il est chaud ! Mon cœur s'emballe. Je sais que s'il appose sa signature à côté de la mienne, il me propulsera vers une autre dimension. Les sacrifices et le travail que j'ai accomplis pour en arriver là me reviennent en mémoire. Je me surprends à prier.

Après une lecture attentive de tous les articles, Ismaïl Matar paraphe et signe le document, il devient ainsi mon premier client. Et pas des moindres !

Je peux enfin me présenter comme agent de joueurs. J'existe !

Plus rien ne m'arrête. À présent, je dois concrétiser l'idée qui germe dans mon esprit depuis longtemps : devenir un relais entre les pays du Moyen-Orient et l'Europe. À ma connaissance, aucun agent ne maîtrise encore ce marché, c'est pour cette raison que je dois me positionner rapidement. Il me suffit de posséder un réseau solide d'agents européens et de dirigeants – managers, directeurs sportifs, présidents… – du Moyen-Orient, puis de les mettre en relation comme je l'avais fait dans l'immobilier. Je ne m'adresserai qu'aux agents de coachs ou de joueurs qui me désigneront pour leur présenter les dirigeants des clubs convoités. Le seul inconvénient, et il est de taille, c'est que je n'apparaîtrai jamais au moment de la signature. Le rôle d'intermédiaire ne me permettra pas de me constituer une « clientèle » de joueurs ou d'entraîneurs. Je ne pourrai donc pas me faire connaître publiquement, mais cela m'aidera malgré tout à me faire une réputation dans le milieu et à gagner ma vie. Le bouche-à-oreille fonctionne très bien dans le petit monde du football.

Pour cela, il faut absolument que je réalise un premier deal pour me faire connaître. Je connais de jeunes joueurs talentueux au Moyen-Orient qui auraient toute leur place dans un club français.

Je contacte Jean-François Jodar, un ami de mon père, qui fut, entre autres, entraîneur des moins de 20 ans de l'équipe nationale et de l'équipe A aux Émirats, et champion du monde avec les moins de 17 ans en France. Son avis compte car le milieu des jeunes footballeurs, en France comme aux Émirats, n'a aucun secret pour lui :

« Jean-François, j'ai besoin de ton expertise. J'aimerais faire signer un jeune Émirati dans un club français ou européen ; qu'en penses-tu ?

– Mais pourquoi veux-tu faire ça Sonia ? C'est vraiment trop difficile, me dit-il. La culture est différente, les méthodes d'entraînement aussi. À quel niveau voudrais-tu le faire évoluer exactement ? »

En lisant les actualités du football, j'avais appris que Jean-Michel Aulas, président de l'Olympique Lyonnais, essayait en vain de s'introduire à Dubaï. Je ne suis pas étonnée, les pays du Golfe représentent un marché très important en matière d'investissement et d'ouverture sur le monde. J'imagine que le président de l'OL souhaite y nouer des liens dans le but de faire prospérer son club mais aussi son business personnel. Cependant, les Émirats ne connaissent pas l'Olympique Lyonnais. Pour eux, seuls les grands clubs européens comme le Real Madrid, le FC Barcelone, Manchester United, le Bayern Munich, Chelsea ou la Juventus de Turin suscitent leur intérêt. J'ai peut-être une carte à jouer...

Je lui réponds sans complexe : « À Lyon. »

À l'époque, l'OL est l'équivalent du Real Madrid en France. Le grand PSG n'existe pas encore.

« Tu es tombée sur la tête, Sonia ! Enfin, sois raisonnable, c'est impossible ! Il faudrait que tu trouves un petit club de Ligue 2, et encore... vise plutôt la CFA... la quatrième division. »

« Impossible » ! Je ne compte plus les fois où j'ai entendu ce mot de la bouche des gens à qui je demandais conseil. Si j'avais dû les écouter, je serais encore enfermée dans ma petite chambre à Clermont-Ferrand. Je n'ai plus de temps à perdre. J'ai bientôt 26 ans et ne suis toujours pas indépendante financièrement, ce qui commence à me peser sérieusement. J'en ai marre de stresser chaque fois que je tends ma carte bancaire pour un paiement, et de me décomposer lorsque l'opération est refusée. Je n'ai pas d'autre choix que de foncer. Je refuse donc de me laisser dissuader et décide d'entrer en contact avec le président du club lyonnais. Pas évident quand on sait ce qu'il représente dans le football français ! Je suis lucide, je n'ai pas le niveau ni l'expérience pour décrocher ce rendez-vous. Je ne suis personne. Mais mon instinct de survie est plus fort que tout. Peu m'importe, qui ne tente rien…

Mon plan est le suivant : je vais lui proposer de recruter une pépite des Émirats, ce qui lui donnera l'occasion de rencontrer les dirigeants de clubs, les personnalités importantes, et de se faire connaître là-bas. Il deviendra alors légitime pour prétendre y développer des projets. Jean-Michel Aulas a tout à y gagner et moi aussi.

J'appelle Paul Le Guen, ancien entraîneur de l'OL, que j'avais rencontré quelques mois auparavant pour lui demander le numéro personnel du président. Il hésite mais face à tant d'insistance de ma part, il consent à me rendre ce précieux service.

Je rentre en France plus motivée que jamais. Malgré mon évolution professionnelle, je ne gagne toujours pas ma vie. Lorsque je ne suis pas à Clermont-Ferrand, je squatte le studio d'une copine à Paris.

Ce jour-là, je suis seule. Elle s'est absentée pour la journée. Allongée sur son lit, je prends la décision de contacter Jean-Michel Aulas. Le stress m'envahit, je me mets en condition : *Allez Sonia ! Vas-y ! Tu n'as rien à perdre.* Je me répète en mon for intérieur ma phrase magique : *Impossible is nothing, just do it !*

Je compose son numéro en tremblant. Comment vais-je l'aborder ? Je prie pour qu'il ne décroche pas. Mon vœu est exaucé. D'une voix très assurée, je laisse un message :

« Bonjour Monsieur Aulas, je suis Sonia Souid, agent sportif FFF, vous ne me connaissez pas, c'est normal, je viens d'obtenir ma licence mais ce n'est qu'un détail. Je suis au courant que vous essayez désespérément de trouver les clés pour ouvrir les bonnes portes aux Émirats arabes unis et que vous n'y arrivez pas. Rappelez-moi parce que je sais où elles se trouvent. »

Je raccroche brutalement, totalement vidée. Je m'écroule sur le canapé quand, au bout de cinq minutes à peine, mon téléphone sonne, c'est lui. Je n'y crois pas. Le sang commence à battre sous mes tempes. Mon cœur s'accélère. Je lis et relis son nom que j'avais enregistré sur mon téléphone préalablement.

Après une profonde inspiration, je finis par décrocher :

« Oui, allô ?

– Bonjour, Madame Souid, vous venez de me laisser un message vocal. »

Sur le ton de l'humour, il poursuit :

« Apparemment, vous avez les bonnes clés pour ouvrir les portes aux Émirats ?

– Oui, absolument.

– Pouvez-vous m'en dire plus ? »

Sans me départir de mon assurance, je m'entends lui répondre :

« C'est impossible. On ne dit pas ce genre de choses au téléphone. Il faut qu'on se rencontre. »

Je le sens dérouté.

« Où êtes-vous basée ? me demande-t-il.

– Je vis la plupart du temps à Dubaï, mais me rends souvent à Paris.

– Très bien. Je vous propose que l'on se rencontre lors de mon prochain voyage à Paris.

– Oui, à condition que nos emplois du temps se coordonnent. »

S'il savait ! Je me fais passer pour une femme overbookée alors que mes journées sont désespérément vides, je ne travaille pas et touche le RSA pour survivre. Sans l'aide de mes parents, je serais littéralement à la rue. Mais je n'oublie pas cet adage que j'affectionne particulièrement : mieux vaut faire envie que pitié.

« Mon assistante va vous contacter pour fixer un rendez-vous. »

Nous raccrochons et, en effet, quelques jours plus tard, une dénommée Pascale m'appelle pour m'annoncer que Jean-Michel Aulas arrive à Paris la semaine suivante.

« Il pourra vous voir mardi ou mercredi... »

Sans lui laisser le temps de terminer sa phrase, je lui réponds : « Je vous arrête tout de suite, je serai absente de Paris. »

Bien évidemment, je mens comme une arracheuse de dents. Je serai probablement toujours cloîtrée dans ce studio à me tourner les pouces. Mais je dois la jouer inaccessible et débordée.

« Ah ! je comprends, me dit-elle déçue. Quand serez-vous de retour sur Paris ?

– Dans une quinzaine de jours, je ferai un passage éclair sur la journée du mercredi. Voyez avec lui et rappelez-moi. »

Comme prévu, Pascale me rappelle pour me confirmer la date du mercredi mais, là aussi, je continue sur ma lancée : « Je suis désolée, ma journée est remplie de rendez-vous. »

Je me laisse désirer pendant un mois avant d'accepter une date, alors que je trépigne à l'idée de rencontrer le président, je n'attends que ça, ne pense qu'à ça. C'est pourtant le seul moyen de me faire respecter et d'essayer d'inverser le rapport de force.

Les journées s'éternisent avant mon rendez-vous. J'ai l'impression que chaque minute dure une heure.

Enfin, le grand jour arrive. Je suis mortifiée à l'idée de rencontrer le président du club lyonnais. Nous avons convenu de nous retrouver dans le prestigieux hôtel parisien, au cœur du 8e arrondissement : le Raphaël. Alors que je suis assise dans le métro pour me rendre sur les lieux, une idée me traverse l'esprit : je ne dois pas y aller seule. Il me faut une assistante ! Je pense tout de suite à mon amie Christy Taner. Elle est canonissime et très sympa. Je l'appelle :

« Tu es dans le coin ?

– Oui.

– Tu as dix minutes pour t'habiller classe, un peu BCBG. J'ai besoin que tu me rendes un service. Je t'attends devant le métro à la station Étoile.

– Mais que se passe-t-il ? Pourquoi... »

Je ne lui laisse pas le temps de terminer sa phrase et raccroche.

Une demi-heure plus tard, je la vois débouler, superbe, vêtue de noir de la tête aux pieds et perchée sur de hauts talons. Elle semble paniquée.

« Qu'est-ce que je dois faire ?

– Rien qui ne soit pas dans tes cordes. T'inquiète ! Je ne veux surtout pas te mettre la pression, mais on va rencontrer quelqu'un de très important. Grosso modo, mon avenir dépend de ce rendez-vous et de notre prestation.

– Tu me fais trop flipper là, poulette !

– Nos cours d'art dramatique vont enfin servir à quelque chose. Mets-toi dans la peau de mon assistante. Tiens, prends ce calepin et contente-toi de prendre des notes. Tu ne parles que si je te pose des questions. OK ? »

Forte de ses années d'apprentie comédienne, mon amie s'immerge immédiatement dans son rôle d'assistante de choc.

Nous arrivons les premières et nous installons au bar. Je n'en mène pas large. Je sursaute à chaque claquement de porte. Mes yeux sont rivés sur le hall d'entrée jusqu'au moment où je vois le président de l'Olympique Lyonnais entrer. *Allez Sonia, c'est maintenant ou jamais.*

Son regard balaye la salle, se pose sur nous puis se détourne. Il n'imagine pas un seul instant qu'il a rendez-vous avec les deux jeunes femmes qui sirotent un verre, juste face à lui. Je lui fais alors un signe de la main. Il me regarde, surpris, marque un temps d'arrêt puis s'avance pour nous saluer. Je comprends à son attitude qu'il est déstabilisé. C'est exactement le scenario que j'avais prévu pour qu'il me considère d'égal à égal.

« Bonjour Monsieur, je vous présente mon assistante Christy Taner. »

Après quelques paroles de courtoisie, je déroule mon sujet :

« Je suis au courant par les médias que vous souhaitez vous implanter à Dubaï, qui est, effectivement, un lieu stratégique aujourd'hui.

– Absolument...

– Monsieur Aulas, je sais que je vais vous vexer, mais les Émiratis ne savent pas mettre la ville de Lyon sur une carte, alors l'Olympique Lyonnais, n'en parlons même pas. C'est une réalité. Le seul club français dont ils ont entendu parler est l'Olympique de Marseille car il a gagné la Ligue des champions. Je connais votre immense carrière dans le football et vous avez toute mon admiration, mais les Émiratis, eux, ils s'en foutent. En revanche, si vous voulez exister à leurs yeux, faites ce que personne n'a jamais fait auparavant. Recrutez l'une de leurs pépites, et je vous assure que, du jour au lendemain, tous les médias parleront de cet événement, de votre club qui aura su apprécier et mettre en valeur la qualité de leurs meilleurs éléments. Car des joueurs talentueux, il y en a partout dans le monde. »

Le président ne perd pas une miette de ce que je lui expose. Intelligent et visionnaire, il sent qu'il a tout intérêt à m'écouter.

« Vous avez raison. Ce que vous me dites est logique. De quoi avez-vous besoin ? »

Je pourrais hurler de joie mais ne laisse évidemment rien paraître de mon état d'excitation.

« Je connais parfaitement le marché des Émirats. Je ne vous cache pas qu'il ne sera pas facile de déloger les joueurs car ce sont d'excellentes recrues, déjà très bien payées dans leur club.

– Sur quoi pouvons-nous nous appuyer pour les convaincre ? me demande-t-il avec une pointe d'inquiétude dans la voix.

– L'intérêt national. Si les dirigeants laissent partir leurs joueurs dans les meilleurs clubs et qu'ils évoluent dans de grands championnats européens, ils reviendront beaucoup plus fort en équipe nationale. Je connais très bien le président de la fédération émiratie de football. Je suis convaincue qu'il pourra devenir notre meilleur allié et nous aider.

– Vous avez besoin de quoi ? répète-t-il.

– J'ai besoin d'être accompagnée de quelques personnes de l'OL pour un voyage aux Émirats. J'ai déjà ciblé quelques joueurs qui pourraient vous intéresser. Nous assisterons à plusieurs matchs et je ferai en sorte que vos hommes rencontrent les présidents de clubs pour commencer à créer des liens. »

Jean-Michel Aulas semble définitivement acquis à ma cause. À peine une semaine plus tard, son conseiller, Bernard Lacombe, le directeur du centre de formation, Rémi Garde, et Olivier Bernardeau, directeur commercial du club, sont mandatés pour m'accompagner aux Émirats.

Manque de chance, quelques jours avant notre départ, l'OL subit une lourde défaite face à l'AJ Auxerre, et Bernard Lacombe doit rester au club pour gérer la crise.

Comme prévu, je m'envole vers les Émirats quelques jours avant, afin de préparer la venue des autres membres du club. Je me mets une pression monstre. Tout doit être parfait. Je suis à cran, exténuée. Mais trois heures avant le décollage, je reçois un appel d'Olivier Bernardeau, transi de honte, m'annonçant du bout des lèvres qu'il ne peut pas partir car son passeport a expiré. Je n'y crois pas ! Olivier est une personne adorable mais à ce moment-là, j'ai envie de lui faire bouffer son passeport. Furieuse, j'écris un mail à Jean-Michel Aulas :

Bonsoir M. Aulas,

M. Bernardeau vient de m'appeler, il ne peut pas décoller car son passeport a expiré depuis trois jours…

J'ai fait ce que j'ai pu, mais je disposais de très peu de temps et il est minuit à Abu Dhabi…

Ce qui me chagrine, c'est que je suis sur place depuis cinq jours afin de préparer un projet qui permettrait l'ouverture du marché des Émirats arabes unis à l'OL et que tout cela est déstabilisé par une histoire de passeport.

Vous savez mieux que moi que je joue ma crédibilité envers mes contacts aux Émirats.

J'ai annoncé M. Lacombe, par la suite M. Bernardeau, maintenant j'annonce une seule personne…

Pour M. Lacombe, je comprends parfaitement et vous souhaite d'accrocher cette 3e place qualificative.

Cela me paraît aberrant qu'une personne occupant le poste de directeur commercial à l'OL ne possède pas à tout moment un passeport valide.

En vous souhaitant une bonne soirée,

Bien à vous,

Sonia Souid.

J'accuse le coup, je fais avec, tout en préparant minutieusement le séjour de Rémi Garde. J'ai identifié quatre joueurs prometteurs susceptibles de taper dans l'œil des recruteurs lyonnais. Dès le lendemain de son arrivée, nous partons faire la tournée des grands clubs émiratis où les dirigeants nous attendent : Al-Wahda à Abu Dhabi, où évoluent Hamdan Al-Kamali et Ismaïl Matar ; le club Al-Ain, où joue le jeune joueur le plus prometteur des Émirats, Omar Abdulrahman ; et enfin Al-Ahli à Dubaï, le club de l'attaquant Ahmed Khalil.

Quelques mois plus tard, c'est au tour de Florian Maurice, directeur sportif de l'OL, de faire le déplacement aux Émirats pour confirmer le souhait du club français de recruter l'un de leurs joueurs. Je mène de fronts plusieurs négociations pour obtenir un maximum de chances qu'au moins l'une d'entre elles aboutisse. Pour le moment, je n'ai encore rien concrétisé.

Le 5 novembre 2011, alors que je suis de retour en France, Bertrand Benoît, le président du club d'Istres, me propose de l'accompagner pour assister à un match de son équipe contre le Stade de Reims.

« J'ai proposé à Patrick Esteves, un ami qui évolue dans la même sphère que toi, de nous y conduire », m'annonce Bertrand.

Rendez-vous place de la Madeleine, une énorme Porsche Cayenne noire se gare devant le café dans lequel nous sommes attablés. Il s'agit de l'ami en question qui daigne à peine me lancer un « bonjour ». Je m'installe sur le siège arrière, eux à l'avant. Normal… Cet inconnu ne m'adresse ni un regard, ni une parole. Sympathique comme une porte de prison. Les deux hommes discutent entre eux de l'actualité du football, sans se soucier de ma présence. Normal aussi...

Arrivés au stade, nous sommes accueillis en tribune présidentielle par le président du Stade de Reims et son directeur général, Olivier Létang. Le match débute. Je suis assise à la gauche de Bertrand, Patrick à sa droite. Je n'ai donc toujours pas l'opportunité de discuter avec ce mystérieux garçon qui continue de m'ignorer. Peu avant la mi-temps, un incident se produit, ce qui oblige Bertrand Benoît à s'absenter, nous laissant tous deux seuls, côte à côte. Le moins que l'on puisse dire, c'est que je ne suis pas très à l'aise. Je l'observe discrètement. Plus grand que moi, 1,88 m, l'air sérieux et pas franchement sociable. Son visage est fermé. Il ne décroche pas un mot.

J'engage la conversation pour tenter de briser la glace. Patrick reste distant, se contentant de répondre laconiquement aux questions que je lui pose. *Mais il se prend pour qui ce grand dadais ?* Je rame, parle pour deux de façon à ne pas laisser de place à un silence pesant. À aucun moment, il ne s'épanche, pire, Patrick ne me retourne aucune question. En clair, je ne l'intéresse pas du tout. Il me prend vraiment pour la cruche de service. J'ai envie de lui rentrer dans le lard et lui dire le fond de ma pensée sur son comportement irrespectueux, mais Bertrand choisit ce moment pour revenir parmi nous. Lui aussi est en rage car il vient de se faire expulser du terrain par l'arbitre pour mauvais comportement. Il en est même arrivé aux mains. Bertrand est un sanguin, prêt à tout pour défendre ses joueurs. Moi qui attendais son retour avec impatience pour détendre l'atmosphère... je peux oublier.

La suite du match se déroule sans un mot. Enfin le coup de sifflet final ! J'apprends que Bertrand doit rentrer à Istres avec son équipe, j'en déduis que je vais devoir me taper la route jusqu'à Paris avec ce type. J'appréhende les deux heures de trajet. Autant crever l'abcès tout de suite et prendre ce taureau par les cornes.

« Patrick, c'est bien ça ? Tu as un problème avec moi ? »

Surpris par ma question, il se contente de répondre très calmement :

« Non. Pourquoi ?

– Parce que j'ai l'impression d'être en Sibérie. Je sais qu'on ne se connaît pas mais quand même ! Tu pourrais faire un effort ! »

Il sourit. Pas le grand sourire jusqu'aux oreilles, non, juste un petit mouvement de lèvres qui suffit à humaniser légèrement son visage de Robocop.

N'empêche que, grâce à cet échange, l'atmosphère se réchauffe un peu. Patrick daigne enfin me calculer, il me questionne, je lui raconte ma vie, ma licence, mes projets au Moyen-Orient, ma stratégie. Il semble agréablement surpris par ma culture footballistique. Je ne suis peut-être pas la ravissante idiote qu'il imaginait. Plus je parle, plus il s'ouvre. La conversation s'anime, je sens enfin que son opinion sur moi est en train de changer. Alors, il se livre à son tour, sur son histoire, son métier. Le temps passe vite.

Nous nous découvrons des points et intérêts communs. Il est intéressé par mon réseau dans les pays du Golfe, et moi, par le sien en France. Arrivés en bas de mon immeuble, nous échangeons nos numéros de téléphone en nous promettant de nous revoir et, pourquoi pas, collaborer.

Deux mois plus tard, je réalise le gros coup tant espéré entre les Émirats et l'Olympique Lyonnais. En effet, le club de Jean-Michel Aulas m'informe qu'il souhaite recruter Al-Kamali. Tout en gérant cette demande de transfert, je reçois une proposition de l'AS Monaco concernant Ahmed Khalil, le joueur d'Al-Ahli à Dubaï. Je suis en contact permanent avec le directeur sportif du club monégasque, Jean-Luc Buisine qui, pour la petite histoire, termine l'un de ses mails avec cette charmante phrase : « Merci Miss », alors que nous nous connaissons à peine. Je ne sais quoi lui répondre. À force d'entendre ce genre de remarques, je suis incapable de savoir si ce que je lis est normal ou déplacé... Je ne relève pas. Finalement, le transfert avorte car le club du joueur refuse de le laisser partir. Je suis extrêmement déçue, mais les désillusions font partie du métier d'agent. Pour concrétiser les opérations, nous devons multiplier les initiatives car la grande majorité d'entre elles n'aboutiront pas. Il faut s'y habituer. Notre quotidien est un éternel recommencement. Nous devons être très résistants et endurants, autrement, impossible de percer.

Je me concentre alors sur Al-Kamali en priant pour que toutes les parties trouvent un accord. Après des semaines d'intenses négociations et de réunions marathon, le transfert du joueur est acté. C'est sous une température avoisinant les – 10 °C que, le 2 janvier 2012, je fais signer pour un prêt de six mois l'un des meilleurs joueurs des Émirats, à l'Olympique Lyonnais, le plus grand club français de ces dix dernières années.

L'arrivée d'un joueur du Golfe en Europe à ce niveau-là est une première dans le football français et européen. Non seulement je renfloue mon compte en banque après quelques mois d'attente – l'agent n'étant pas la priorité des clubs quand il s'agit de le rémunérer pour son travail – et surtout, pour la seconde fois, les médias s'intéressent à moi. La première, c'était pour mon titre de Miss Auvergne… Quelle évolution !

Cette transaction audacieuse me propulse sous les feux des projecteurs. Les journalistes cherchent à connaître l'identité de celui qui a réalisé ce transfert inédit. Quelle n'est pas leur surprise de découvrir qu'il ne s'agit pas d'un homme ! Je pense avoir enfin conjuré la malédiction d'être une femme dans ce milieu si machiste. Je suis invitée sur les plateaux télés, à la radio. Je deviens la bête curieuse à qui l'on demande de raconter son histoire. Je savoure mon heure de gloire. Peu de temps après, Jean-Michel Aulas ouvre un bureau à Dubaï…

Le 7 février, je m'associe avec mon frère Samy – enregistré officiellement auprès de la FFF comme collaborateur d'agent et qui travaille à mes côtés depuis le début – pour créer la société Alliance Sport Management Conseils.

Les événements s'enchaînent.

Je suis en contact permanent avec Patrick. Depuis notre première rencontre, nous ne nous sommes pas lâchés. Les conseils et le soutien de ce père de deux enfants, passionné de foot, travailleur acharné, me sont précieux. Sa force tranquille me rassure. Je sais qu'avec lui et mon frère à mes côtés, nous accomplirons de grandes choses. Nous nous complétons à merveille. Trois cerveaux plutôt qu'un. Patrick a suivi de près ces longues semaines de travail, les nuits blanches pour tenter de concrétiser ce deal, il m'a reboostée lorsque je flanchais, et aujourd'hui, il se réjouit sincèrement pour moi.

Quelques mois plus tard, au détour d'une conversation, il se livrera à quelques confidences :

« Le jour où Bertrand m'a parlé de toi, tu ne m'étais pas inconnue. Je t'avais googlisée et avais appris que tu avais été élue Miss Auvergne. Mais c'est quand je suis tombée sur ton profil Facebook que j'ai halluciné. Je me souviens avoir dit à Bertrand : "C'est bien cette caricature que tu veux me présenter ? La pseudo-top-modèle ? L'usurpatrice qui se prend pour un agent ? C'est un canular !" »

Aurait-il tenu les mêmes propos à l'égard de n'importe quelle fille ? Je ne le pense pas, car je traîne un sérieux handicap : mon foutu titre de Miss. Les photos publiées sur ma page étaient pourtant volontairement assez sobres. J'avais pris soin de me présenter dans des tenues plutôt élégantes et discrètes avec, parfois, un ballon rond au pied. En effet, j'étais maquillée, coiffée face à l'objectif de photographes professionnels. Et alors ? Cela fait-il de moi une caricature ? une narcissique ? Pour paraître crédible, il aurait peut-être fallu que je poste des photos de moi au réveil après une nuit blanche ou malade avec quarante de fièvre ? Ras le bol de ces réflexions ! J'assume mon physique. J'ai bien conscience d'être une extraterrestre dans ce milieu, une espèce d'ovni qui, selon ces messieurs, n'a rien à faire là, mais je m'imposerai telle que je suis ! Une femme qui aime le foot et qui en a fait son métier. Ils peuvent bien continuer à m'asséner leurs critiques, rien ni personne ne m'empêchera d'atteindre mes objectifs. Le plus important n'est pas ce qu'ils pensent de moi avant de me connaître, mais après. Une fois mes compétences reconnues, mon apparence deviendra alors anecdotique.

J'esquisse un sourire tout en le laissant terminer sa confession.

« Ce n'est pas tout, poursuit-il. J'ai même demandé à Bertrand si tu étais sa maîtresse. Il avait tellement insisté pour que tu nous accompagnes ! Pour moi, ça cachait un truc, c'était impossible autrement.

– Et il a dit quoi ?

– Il m'a regardé dans le blanc des yeux et m'a dit : “Tu me fais confiance ou pas ? Tu crois vraiment que je perdrais mon temps à faire du business avec une écervelée ? Si elle en est là aujourd'hui, crois-moi, ce n'est pas par hasard.”

Puis, il m'avoue : « Tu sais ce que je lui ai répondu ?

– Non…

– “C'est ça ! Qu'elle retourne repasser les chemises de son mari !”

– Ah oui ? Quand même ! » rétorqué-je dans un grand éclat de rire.

Patrick et moi sommes partis sur de mauvaises bases, mais force est de constater que Bertrand Benoît ne s'était pas trompé en nous présentant. Avait-il une idée derrière la tête ? Je ne sais pas. Toujours est-il que Patrick deviendra, par la suite, mon associé et un ami très cher.

Grâce à la signature d'Al-Kamali à l'Olympique Lyonnais, le milieu du foot m'entrouvre ses portes. Miss Auvergne tombe partiellement dans les oubliettes pour laisser place à Sonia, l'agent sportif de football, enfin crédible. Oui, partiellement, car mon étiquette de Miss me collera toujours à la peau. Quoi que je fasse. Comme un tatouage, une marque indélébile. Je dois accepter le fait que ma trajectoire de vie n'est pas banale : passer de Miss à agent de football demeure une énigme dont les médias raffolent. Pas un article ne sort sans que mon passé ne soit évoqué. J'ai appris à sourire de cette réalité et à vivre avec. C'est ainsi...

Chapitre 6

IMPOSSIBLE IS NOTHING, JUST DO IT !

Les années 2012-2013 marquent un tournant dans ma vie professionnelle. La signature de l'Émirati Hamdan Al-Kamali à l'Olympique Lyonnais, suivie de l'hyper médiatisation, a donné un coup d'accélérateur à ma carrière. Mon réseau s'étend rapidement. Entre la curiosité que je suscite chez les uns et l'intérêt soudain que me portent les autres, je suis sollicitée de toutes parts. Je partage mon temps entre le Moyen-Orient et la France. Les Émirats restent, cependant, mon terrain de jeu privilégié.

Un jour, alors que je me trouve au Qatar avec mon père, nous décidons de nous rendre au club d'Al-Gharafa SC à Doha, un très bon club de la région. Je sais que le coach est Bruno Metsu, l'un des rares entraîneurs français qui est parvenu à s'exporter à l'étranger avec succès. Nous entrons dans le hall quand, soudain, je le vois sortir de son bureau. Grand, le regard franc, lumineux. Cet homme dégage une aura incroyable. Prise d'une impulsion incontrôlée, je l'interpelle comme si nous étions les meilleurs amis du monde alors que je ne l'avais jamais rencontré auparavant :

« Bonjour Bruno, ça va ? Je m'appelle Sonia Souid, je suis agent FFF, est-ce que je pourrais te parler quelques minutes ? »

Je suis consciente de faire preuve d'un culot hors pair, mais je dois pousser des coudes pour me faire connaître. Je pense à ce moment-là à Jorge Mendes, qui tout comme moi a débuté en bas de l'échelle. Il n'a été ni mannequin, ni hôtesse avant d'embrasser la carrière d'agent sportif mais DJ et tenancier de bar et de vidéoclubs. Il s'est lancé en faisant le planton jour et nuit devant le bureau du président du club du Deportivo La Corogne qui déclara à la presse des années plus tard : « Il était têtu. Il pouvait attendre quatre heures devant mon bureau pour pouvoir me parler. J'avais beau lui répéter que je n'achèterais personne, il finissait toujours par me convaincre. » Ce dernier fut si impressionné qu'il se résigna à l'écouter puis le fit travailler. Jorge Mendes est devenu l'un des plus gros agents de la planète. Pourquoi aurait-il réussi et pas moi ? Je reste confiante. Comme lui, je suis très têtue aussi. J'ai appris à ne jamais renoncer, ne pas perdre de vue mes objectifs et surtout à m'acharner et ne rien lâcher. Personne ne réussira à me décourager dans la construction de ma carrière professionnelle. À ne rien tenter, on prend le risque de ne rien vivre.

Bruno s'approche, ses yeux bleus translucides se posent sur moi :

« Bonjour Sonia. J'ai une réunion. J'en ai pour trente minutes. Attends-moi si tu as le temps. »

Du temps ? Ah ! ça oui, j'en ai à revendre ! Le sien est bien plus précieux que le mien.

Comme convenu, il me rejoint... une heure plus tard. Je suis sur le pied de guerre.

« Que se passe-t-il ?

– Tu n'en as pas marre du Qatar ? N'aimerais-tu pas venir travailler aux Émirats ? Je sais que tu connais très bien ce pays, que tu as gagné des titres avec le club d'Al-Ain, mais c'était il y a quelques années. »

Bruno Metsu m'écoute, je le sens pourtant impatient, pressé. Je poursuis dans le but de passer un maximum de messages en un minimum de temps.

« Tu sais, j'ai un super réseau. Je suis persuadée que je peux te trouver un très bon club aux Émirats d'ici peu. Est-ce que tu me laisserais parler en ton nom à seulement deux ou trois clubs et pour une période limitée ? Tu ne prendras vraiment aucun risque à m'accorder ta confiance.

– Vaste proposition, me dit-il avec un large sourire. Je suis désolé, mais je n'ai pas le temps de prolonger notre conversation, ma femme m'attend, je dois y aller. »

Je ne peux me résoudre à le laisser partir et insiste :

« Nous pourrions prendre un café demain à l'hôtel Intercontinental où je séjourne. J'aimerais bien à cette occasion te présenter Moncef, mon père qui est préparateur physique. »

J'invente un bobard, je l'avoue. L'oreiller sur lequel je vais poser ma tête ces dix prochains jours au Qatar ne se trouve pas à l'Intercontinental mais dans un petit hôtel dont Bruno Metsu n'a même pas idée de l'existence.

À ma grande surprise, il accepte :

« Ton idée des Émirats est plutôt bonne. Pourquoi pas ? »

Le lendemain, Bruno Metsu est bien là, attentif à ce que je vais lui proposer.

« Bruno, je te présente Moncef. Comme je te l'ai dit, il parle très bien arabe et anglais. Il a déjà travaillé dans deux grands clubs aux Émirats, il serait un vrai plus pour ton staff. » Si je peux faire d'une pierre deux coups, je ne vais pas me gêner.

J'enchaîne ensuite sur les projets auxquels j'ai pensé pour sa carrière. Bruno Metsu semble prendre mes propositions au sérieux, il paraît intéressé et me donne carte blanche pour démarcher les clubs à condition de lui transmettre les noms. Il me promet de me signer un mandat si l'un des clubs manifeste un intérêt concret.

Au terme de l'entretien, nous faisons quelques pas ensemble jusqu'à la sortie. Bruno tend son ticket au voiturier. Une Ferrari noire décapotable reluisante ne tarde pas à surgir devant nous. La Ferrari de Bruno Metsu. La classe !

Il tomberait certainement de sa chaise s'il découvrait que nous ne séjournons pas dans ce palace et qu'en plus nous avons planqué dans un parking la vieille voiture de location complètement cabossée !

Quelque temps plus tard, le club Al-Wasl de Dubaï me contacte en direct pour m'annoncer qu'un autre agent a été mandaté pour effectuer le transfert de Bruno. Je tombe de haut. Je ne lui ai pas fait signer de mandat car, comme promis, j'attendais d'avoir du concret à lui soumettre. Et voilà le résultat ! Je suis éjectée du plan. J'apprendrai beaucoup de ce camouflet. Toujours penser à se protéger ; une règle d'or pour éviter de se faire manger toute crue.

Je retrouve malgré tout quelques couleurs lorsque Bruno me demande si mon père est toujours partant pour le job. « Bien sûr », dis-je, fière d'avoir au moins réussi à le placer.

Ma joie sera de courte durée. Quelques semaines plus tard, j'encaisse la mauvaise nouvelle :

« Je suis désolé, Sonia, mais le club n'a pas le budget pour recruter un préparateur physique. Je ne peux pas prendre ton père. »

Je suis extrêmement déçue, mais espère que la prochaine fois, il pensera à nous...

Je suis loin d'imaginer ce qui le ramènera dans ma vie, à peine quelques mois plus tard.

Fin octobre 2012, le président du club Al-Wasl me contacte pour m'annoncer une triste nouvelle : Bruno Metsu n'est plus en capacité d'être l'entraîneur principal de son équipe car il est gravement malade.

« La saison est en cours, nous avons un staff français. Il nous faut un coach français prêt à venir seul. Tu es française ? Trouve-moi l'entraîneur ! »

Le malheur des uns fait le bonheur des autres, me dis-je. C'est la cruelle réalité. J'ai mal au cœur mais je sens que cette fois, mon heure a sonné. Je ne peux pas me permettre de laisser passer une telle opportunité. Je me démène, active mon réseau, cherche tous azimuts un entraîneur qui pourrait correspondre au profil. J'appelle mon ami Bertrand Benoît, le président du club d'Istres :

« Tu connaîtrais l'agent d'un grand coach, par hasard ?

– Oui ! Thierry Gras. Il représente Guy Lacombe.

– Woaw ! Guy Lacombe ! Ex-entraîneur du PSG, de Monaco ! C'est exactement ce qu'il me faut. Serait-il partant pour venir à Dubaï ?

– Appelle son agent de ma part », me dit-il.

Je m'exécute immédiatement. Thierry Gras me laisse pourtant peu d'espoir :

« Écoutez Sonia, ces pays-là ne sont pas sa priorité, d'autant plus que Guy ne parle pas très bien anglais. Je préférerais trouver autre chose, mais je ne ferme pas complètement la porte. »

Je ne retiens que cette dernière phrase. S'il me laisse une ouverture, si petite soit-elle, je dois m'y engouffrer. Je propose donc le CV de Guy Lacombe au président du club qui semble intéressé. Je saute sur l'occasion :

« Nous pouvons organiser un appel téléphonique avec l'entraîneur.

– Non ! Dites-lui que je suis prêt à lui faire une proposition non négociable à la condition qu'il vienne seul, sans staff. »

Je suis en transe. Je sens que je tiens une occasion en or de réaliser encore un gros coup. Je ne dors pas en attendant le lendemain matin pour rappeler l'agent qui, à ma grande surprise, met le marché entre mes mains :

« Je serai indisponible pendant plusieurs jours. Mettez-vous en contact directement avec Guy Lacombe. »

Les planètes s'alignent. J'ignore la raison de son absence, toujours est-il que, cette fois, je ne vais pas me contenter de jouer le rôle d'intermédiaire et de mise en relation. Je vais pouvoir prendre les choses en main. J'ai tellement imaginé ce moment que je ne ressens aucune pression sur mes épaules, je suis prête. Je sais que je suis taillée pour assumer ce genre de responsabilités.

J'appelle Guy Lacombe pour lui transmettre la proposition du président. Il ne veut rien entendre. Exigeant et têtu, il me fait comprendre qu'il ne viendra qu'à ses propres conditions. Ses exigences sont importantes et bien supérieures au budget du club. Je suis convaincue que le président ne cédera jamais. Je tente le coup en priant pour que ce dernier trouve au moins un compromis. Comme prévu, il refuse, mais un matin très tôt, alors que j'émerge d'une énième nuit blanche, le président me rappelle pour me soumettre une contre-proposition. Lacombe refuse. J'essaye de le raisonner. En vain.

Je suis à court d'arguments. Le projet va tomber à l'eau si je ne réussis pas à trouver un accord entre les deux parties. À mesure que les heures passent, je sens le stress monter. Je passe mon temps à réfléchir, à envisager des solutions pour débloquer la situation. Les protagonistes restent fermes sur leurs positions, ce qui rend mon travail de plus en plus difficile. Mon désir de réussir devient une obsession, et chaque refus de l'un ou de l'autre me pousse à redoubler d'efforts. Je vis les moments les plus intenses et stressants de ma vie professionnelle. Finalement, après quarante-huit heures de pourparlers, le président du club finit par s'incliner et me dit :

« C'est d'accord. Prenez les billets d'avion, on vous remboursera. »

Je n'ai pas un centime devant moi, Guy Lacombe voyage en business, et par conséquent, moi aussi. Je ne peux pas perdre la face en me réservant une place en éco. Comment vais-je faire ? Je trouve la parade :

« C'est une question de principe président, vous ne pouvez pas lui demander d'avancer l'argent. Vous devez nous inviter. »

Il accepte. Au comble du bonheur, je lui demande à combien s'élève ma commission.

« Nous ne paierons pas, répond le président. Nous avons proposé un package, vous devez vous arranger avec Guy Lacombe. »

Ce dernier refuse car il estime que c'est au club de me payer. Encore une douche froide !

Comment ai-je pu laisser de côté ce point si vital pour moi alors que je touche encore le RSA ? C'était pourtant simple d'y penser. Mon envie de conclure ce transfert était si importante que je me suis oubliée. Je pourrais m'autoflageller.

Le club accepte finalement de me verser une commission de 5 % – au lieu de 10 % – à partager avec Thierry Gras, l'agent de Guy Lacombe. Peu de temps après la conclusion du deal, je reçois la première partie de la somme que je m'empresse de transférer à l'agent par souci d'honnêteté. Le monde du football est petit, je dois prendre soin de ma réputation. J'ai pourtant cruellement besoin de cet argent, et bien plus que Thierry Gras, mais ne réfléchis pas une seconde dès la réception de la commission. Malheureusement pour moi, je ne verrai jamais la couleur de l'autre moitié qui aurait dû me revenir…

Je souris en repensant à cet épisode de ma vie. Avec le recul, je n'ai aucun regret. Je n'ai pas touché un euro, mais, grâce à ce deal, ma carrière a fait un bond extraordinaire, j'ai gagné en notoriété, en légitimité, et surtout, j'ai laissé à Guy Lacombe et à Thierry Gras une image d'agent mature et volontaire. Guy déclarera plus tard dans la presse : « La beauté de Sonia devient un atout dès que la phase de séduction réciproque est passée… Elle a une qualité d'écoute supérieure et c'est une excellente négociatrice pour les contrats. Après, ça restera toujours un milieu d'hommes… »

En novembre 2012, nous nous rejoignons à l'aéroport Charles-de-Gaulle pour la signature à Dubaï. La tension de ces derniers jours m'a éreintée. C'est la première fois que nous nous rencontrons « en vrai ». Guy n'a aucune idée de la jeune femme que je suis, ni à quoi je ressemble. Il ne connaît que ma voix.

Lorsqu'il m'aperçoit, je devine très vite dans son regard une certaine stupéfaction.

« Mais tu es très, très jeune ! » me dit-il, les yeux sortant des orbites.

La sidération passée, la discussion s'engage naturellement. Nos échanges sont fluides et agréables. Je le sens rassuré et satisfait du travail que j'ai réalisé.

Nous pénétrons ensemble dans l'avion. Exit les vols interminables avec escales pour payer mon billet le moins cher possible. Je ne savais même pas que Paris-Dubaï pouvait se faire en si peu de temps. Direction la classe business. Je n'y crois pas ! Si je ne me retenais pas, je sauterais sur tous les fauteuils, ouvrirais toutes les tablettes pour découvrir les trésors qui se cachent dedans, mais face à Guy Lacombe, je dois me tenir, la jouer habituée, presque blasée. Nous nous asseyons côte à côte. La discussion s'éternise. J'attends avec impatience qu'il s'endorme pour me lâcher et tomber le masque. Au bout de deux heures, il finit par s'assoupir. Je deviens alors une gamine dans un magasin de jouets. Je touche à tout. Je me régale ! Quel luxe ! Quel privilège de vivre ce genre d'expériences ! Je savoure l'instant et m'endors la tête dans les étoiles.

La photo sur laquelle j'apparais aux côtés de Guy Lacombe et de l'un des dirigeants du club est diffusée dans l'ensemble de la presse émiratie, ce qui consolide mes liens avec les clubs. Je ne suis plus seulement celle qui « exporte » des joueurs vers l'Europe, je deviens à présent l'agent capable de ramener un entraîneur français de renom au Moyen-Orient. Ce second coup d'éclat dépasse les frontières. Les médias français relaient l'information. Le journal local de Clermont-Ferrand, *La Montagne*, publie pour la seconde fois un long article sur moi. Quelques années auparavant, j'avais eu droit à mon heure de gloire lors de l'élection de Miss Auvergne. Cette fois, une double page me consacre en tant qu'agent, titrant en substance : « Une Miss Auvergne au pays des Mille et Une Nuits ». Notez que la Miss ne disparaît jamais... Elle est là, prête à ressurgir au moindre coup de projecteur. Miss un jour, Miss toujours...

Par le plus grand des hasards ou parce que le destin en a décidé ainsi, comme je préfère le penser, ce jour-là, Pascal Forni, l'agent de rugby qui avait refusé de me recruter dans son agence deux ans auparavant, effectue un déplacement à Clermont-Ferrand où il représente la quasi-totalité de l'effectif du plus grand club de rugby français, l'ASM. Le journal *La Montagne* est proposé à l'entrée de l'avion pour les personnes voyageant en classe business. Machinalement, il s'en empare, l'ouvre et tombe sur le fameux article. À peine l'avion posé, il appelle mon ami Laurent Laffitte qui m'avait présentée à lui : « Fais revenir ta copine, je veux la voir ! »

Entre-temps, Pascal avait intégré CSM Sport & Entertainment, le quatrième groupe mondial en matière de marketing sportif et de gestion de carrière d'athlètes, avec plus de 700 rugbymen sous contrat. L'idée d'élargir son activité au football n'a toujours pas vu le jour. Peu rancunière et focalisée sur mon évolution professionnelle, j'accepte de le rencontrer une seconde fois. Son attitude à mon égard s'est curieusement modifiée. Je n'ai pas changé de sexe et pourtant… il me tient en respect, s'adresse à moi d'égal à égal.

Au terme d'une longue discussion où nous revenons sur mes « succès footballistiques », Pascal me propose de le rejoindre pour concrétiser le projet auquel il tient tant : l'ouverture d'un département foot au sein de l'agence.

La même année, la chaîne Canal+ Sport m'invite à intervenir régulièrement sur une émission de décryptage sportif, intitulée « Les Spécimens ». Il s'agit de commenter et d'analyser l'actualité du sport, en particulier du football. Je suis la seule femme parmi des spécialistes comme Pierre Ménès, Philippe Doucet, Geoffroy Garétier et… de temps à autre, Bruno Satin, l'agent sportif qui m'avait vivement conseillé de changer de métier notamment en raison de mon statut de femme. Me retrouver experte de foot au même titre que lui provoque chez moi, je l'avoue, une délicieuse satisfaction. Loin de moi l'idée de prendre une revanche sur tous ceux qui m'ont prise de haut. Lorsqu'il m'arrive de regarder dans le rétroviseur, je préfère me souvenir de ces hommes qui m'ont toujours encouragée, à l'instar, entre autres, de mon père, Bertrand Benoît, ou Jean-Michel Aulas.

J'ignore qu'un autre homme, et pas le moindre, suit de loin l'évolution de ma carrière. Un matin, la sonnerie de mon téléphone retentit. Son nom s'affiche. Jean-Pierre Bernès.

« Bonjour Sonia, félicitations pour tout ce que vous accomplissez. Je vous tire mon chapeau. Vous avez fait du chemin depuis notre dernière rencontre, me dit-il. J'entends souvent parler de vous par des personnes de confiance, et c'est pour cette raison que je fais appel à vous sur un marché que je ne maîtrise pas, celui du Qatar et des Émirats. Comme vous le savez, je représente Laurent Blanc et Didier Deschamps. J'aimerais savoir si des clubs seraient intéressés par leur profil pour un poste d'entraîneur. Pensez-vous pouvoir m'aider sur ces dossiers ? »

Quoi ? Deschamps et Blanc ? Je n'en crois pas mes oreilles !

« Bien sûr, je me mets au travail et reviens vers vous dès que j'obtiens des informations concrètes. »

Jean-Pierre Bernès fait partie de ces hommes qui ont su dépasser leur a priori vis-à-vis de moi. Il a eu l'intelligence de ne pas me juger sur mon passé, mon physique ou tout simplement sur le fait que je sois une femme. Il a suivi mon parcours, évalué mon travail objectivement avant de me confier des responsabilités. Sans le recrutement de Guy Lacombe, mes relations privilégiées avec l'Olympique Lyonnais et ma médiatisation, il n'aurait jamais fait appel à moi.

Laurent Blanc ! Didier Deschamps ! Je suis légitime pour évoquer ces deux grands noms du football français sous l'égide de leur agent historique ! Deux icônes qui m'ont tant fait rêver dans ma jeunesse. Didier la gagne ! Le capitaine de l'équipe de France 1998, l'exemple même d'une reconversion réussie. Et Laurent Blanc, Président ! Président ! Président ! Je garderai toujours en mémoire cette date du 28 juin 1998, lors des huitièmes de finale entre la France et le Paraguay, à l'instant même où Laurent Blanc nous a délivrés en inscrivant le but en or. Un bonheur indescriptible que nous avions partagé en famille sur la terrasse du bar du camping de la Chauzette en Auvergne. Mon père avait tapé si fort sur la table que sa montre s'était brisée. J'avais 13 ans et je n'oublierai jamais. Jeunes, vieux, hommes, femmes et enfants, tous s'embrassaient, unis et animés par cette même joie, cette même fierté.

Dans mes rêves les plus fous, jamais je n'aurais imaginé que, quinze ans plus tard, la petite fille que j'étais serait contactée par la star des agents français afin de lui prêter main-forte dans cette zone géographique de plus en plus attractive et stratégique ! J'ai intérêt à relever le défi, mais une petite idée me trotte déjà dans la tête concernant Deschamps…

Je me débrouille pour décrocher rapidement un rendez-vous avec le président de la fédération émiratie à Dubaï.

J'arrive en terrain conquis. Grâce à ma médiatisation, tout le monde me connaît et surtout, j'ai de l'or entre mes mains. J'ai hâte ! Hâte de voir la réaction du président lorsque je vais prononcer le nom de celui qui possède le plus beau palmarès du football français.

« Que puis-je faire pour vous, Sonia, me demande le président ?

– Je viens vous proposer le futur sélectionneur de l'équipe nationale émiratie.

– Rien que ça ? me demande-t-il intrigué.

– Il s'agit de Didier Deschamps.

– Qui ? »

Il a du mal à comprendre. Peut-être est-ce dû à mon accent français ? Je répète.

« Didier Deschamps.

– Je ne connais pas », me répond-il.

Je manque de recracher la gorgée de thé que je viens d'avaler. J'ai chaud, je bégaye. J'ai envie de lui crier : Mais comment est-ce possible de ne pas connaître Didier Deschamps ?

Idem avec Laurent Blanc. Lorsque je présente sa candidature au président de l'un des plus gros clubs de Dubaï, ce dernier me répond :

« Il n'est pas assez bon. »

Pas assez bon ? Je manque là aussi de m'étouffer. J'étais pourtant persuadée que ces deux noms provoqueraient l'emballement aux Émirats arabes unis. Je me torture l'esprit tout en étant consciente qu'un agent n'est jamais décisionnaire dans le choix final. Il propose, conseille, anticipe les besoins, essaye d'être visionnaire pour les clubs. Son job s'arrête là.

Avec le recul, je m'en veux de n'avoir pas pensé au PSG pour Laurent Blanc, mais, obnubilée par la mission que m'avait confiée Bernès, je ne voyais pas plus loin que le bout de mon nez. Je sais pourtant que les Qataris, tout nouveaux propriétaires du club parisien, ont pour objectif de faire du PSG un grand club européen. Il n'est pas trop tard pour les solliciter car j'ai entre les mains un autre CV que le Paris Saint-Germain ne pourra pas refuser. Un CV tombé du ciel !

Un jour alors que je me trouve dans l'avion, je reçois un appel de mon ami Bertrand Benoît. Je décroche en chuchotant.

« Salut Bertrand, désolée je ne vais pas tarder à décoller.

– C'est important, Sonia : que penses-tu de l'entraîneur espagnol Rafa Benitez pour le PSG ? »

Je hausse le ton sans me préoccuper de l'hôtesse de l'air qui me regarde sévèrement en me priant de mettre mon téléphone en mode avion.

« C'est génial ! Crois-tu que je pourrais être mandatée pour le représenter ? C'est le profil parfait ! »

Rafa Benitez est un immense entraîneur qui jouit d'un palmarès impressionnant. Après avoir remporté, entre autres titres, la Ligue des champions avec Liverpool, il vient tout juste de gagner la ligue Europa avec Chelsea.

« Nous pouvons te mettre en contact avec son agent qui ne connaît pas le PSG et encore moins le Qatar. »

Après plusieurs échanges avec Rafa Benitez en personne et son agent, je reçois le mandat signé. Je dois agir vite car ils sont déjà en discussion très avancée avec le club de Naples.

Une fois encore, je suis persuadée que Rafa Benitez est le coach idéal pour le PSG. J'entre en relation avec Leonardo, le directeur sportif avec lequel je m'entretiens à plusieurs reprises. Rafa Benitez participe aux discussions. Hélas, à la suite d'un énième échange, Leonardo m'annonce que son choix s'est porté sur un autre profil. Un autre profil ? Mais lequel ? J'ai beau chercher, je ne vois pas mieux que Rafa Benitez. Et pourtant, si. L'entraîneur du Paris Saint-Germain sera bientôt nommé et il s'agit de… Laurent Blanc. Vexée et en colère, j'envoie un message au président du club émirati quelques semaines plus tard, lorsque le champion du monde 1998 devient officiellement le nouvel entraîneur du Paris Saint-Germain :

Laurent Blanc n'est pas assez bien pour votre club, mais assez bon pour le PSG…

Il ne m'a jamais répondu.

Entre-temps, j'ai intégré Essentially, une filiale du groupe CSM avec mes deux associés : Patrick et Samy.

Très peu de temps après mon arrivée, Pascal Forni concède ces quelques mots, lors d'une interview : « Lorsque nous avons ouvert notre département football l'été dernier, je ne pensais pas recruter une femme… »

Mes bureaux sont situés dans le 16e arrondissement de Paris, face au stade Jean-Bouin, l'antre du Stade Français, et à deux pas du Parc des Princes, le jardin du Paris Saint-Germain. Un lieu hautement symbolique. D'importants moyens sont mis à notre disposition. Le groupe possède des bureaux partout dans le monde, y compris à Abu Dhabi, Dubaï et Doha.

Nous mettons au point une méthode de travail ainsi qu'une stratégie sécure et à long terme qui consiste à nous concentrer sur trois aspects du métier. Le premier, le plus classique, est de gérer au quotidien la carrière des athlètes et des entraîneurs : trouver puis négocier le meilleur contrat de travail à la fois sportivement et financièrement à nos clients. Le deuxième axe de stratégie consiste à œuvrer comme recruteur pour des clubs français et étrangers.

À nous trois – Patrick, Samy et moi – nous parlons quatre langues. Ainsi nous devenons en quelque sorte des chasseurs de têtes au service des clubs, un prolongement de leur cellule de recrutement. Ils deviennent également nos clients et si nous parvenons à gagner leur confiance, notre collaboration a toutes les chances de durer de longues années. Ils nous font part de leurs besoins pour les deux temps forts de l'année, les fameux « mercato d'été » et « mercato d'hiver ». Nous recevons, par exemple, plusieurs mois à l'avance, une sorte de cahier des charges dans lequel le club nous informe qu'il recherche un attaquant, un second gardien de but ou un latéral gauche, avec un budget défini pour le transfert et un autre budget pour le salaire. À nous de leur dénicher la perle rare. Enfin, le dernier axe que nous souhaitons développer rapidement est le conseil auprès de potentiels investisseurs qui désirent devenir propriétaires de clubs de football.

Autant dire que nous avons du pain sur la planche. Le téléphone greffé à l'oreille vingt-quatre heures sur vingt-quatre en fonction des différents fuseaux horaires des pays avec lesquels nous travaillons, nous passons les trois quarts de notre temps à nous déplacer en avion, en train, en voiture pour assister à des matchs, aller à la rencontre des clubs, des joueurs et joueuses, des entraîneurs, du staff technique, des investisseurs, des agents français et étrangers qui peuvent devenir de potentiels collaborateurs. Le reste du temps, nous travaillons au bureau. L'objectif étant de tisser la toile d'un réseau solide et efficace à travers le monde.

Au fil des années, je mesure à quel point les femmes sont quasi invisibilisées dans le football. Pourtant, lorsque je suis entrée dans cet univers, mon idée de départ était claire ; je voulais gérer la carrière d'athlètes masculins et féminins. Or, je m'aperçois que ce sport est cloisonné, chacun sa place, on ne mélange pas les torchons et les serviettes. Ce n'est pas de cette façon que j'envisage les choses. Pour moi, il n'y a pas de frontières entre les hommes et les femmes. Elles sont tout aussi performantes et talentueuses et méritent d'exister au même titre que leurs homologues masculins. Une fois que j'ai dit ça, que puis-je faire ? Je m'attaque à une montagne gigantesque, insurmontable en apparence, que je ne désespère pas de gravir le moment venu.

Et ce moment arrive... Nous sommes à la fin de l'année 2013. Je me trouve avec Samy et Patrick chez mes parents. Les deux garçons, munis de leur téléphone et de leur ordinateur, travaillent sur le canapé du salon tandis que je suis installée à mon bureau, face à eux. Je visionne des vidéos sur la fin de carrière de cette grande figure du foot féminin, Sonia Bompastor. Je me pose alors la question suivante : que va-t-elle devenir ? Elle n'a que 33 ans ! Les possibilités de reconversion restent très limitées ! La quasi-totalité des clubs féminins de D1 sont entraînés par des hommes. La seule coach à avoir sorti son épingle du jeu est Sarah M'Barek qui a été nommée entraîneur de son ancien club, le Montpellier HSC, et qui, aujourd'hui, a repris l'équipe féminine de l'En Avant Guingamp. Une exception en France car, soyons lucides, les hommes entraînent les équipes masculines et féminines. Je me demande bien quel avenir ces anciennes joueuses peuvent espérer. Je réfléchis et soudain, une fulgurance ! Je me tourne vers mes deux associés et leur lance : « J'ai une idée ! »

Patrick et Samy lèvent les yeux au ciel comme pour me dire : *que vas-tu encore nous annoncer !*

« Si on parvenait à convaincre un président de donner sa chance à une femme ? »

Ils ne semblent pas comprendre où je veux en venir. Je lis dans leurs regards aussi bien l'étonnement qu'une certaine curiosité face à cette idée folle qui vient de surgir de mon esprit.

« Peux-tu aller droit au but ? me demande mon frère.

– Pourquoi les hommes auraient le droit d'entraîner des femmes et l'inverse serait impossible ? »

Tous deux me regardent d'un air suspect.

« Es-tu en train de nous annoncer que tu veux convaincre un président de club de mettre une femme à la tête d'une équipe masculine ? me demande Patrick, avec une légère inquiétude dans la voix.

– Absolument. Nous allons faire ce que personne n'a jamais osé faire. Nous n'avons rien à perdre, nous devons essayer. Il existe bien des femmes sur cette terre qui ont obtenu le diplôme nécessaire pour entraîner l'élite ? »

Mes deux acolytes me connaissent bien. Ils savent que je ne lâcherai rien tant que je n'aurai pas tout tenté pour mettre mon projet à exécution.

Le lendemain, alors que nous nous rendons à Châteauroux pour la signature du milieu de terrain Nasser Chamed, Patrick et moi reprenons la conversation de la veille. Quelle femme serait en mesure d'entraîner une équipe masculine ?

Afin de bien comprendre le problème, une explication s'impose. Les équipes masculines – Ligues 1 et 2 – font partie de la Ligue professionnelle de football, alors que les équipes féminines restent sous l'égide de la Fédération française de football qui gère le foot amateur.

Pour pouvoir entraîner une équipe professionnelle, donc masculine, il est obligatoire d'obtenir un diplôme : le BEPF, l'équivalent de l'UEFA Pro en France.

Or, à cette époque, seule une femme le possède, c'est Élisabeth Loisel, ancienne internationale française et entraîneur de l'équipe de France féminine. Elle est donc éligible pour entraîner une équipe masculine, ce qu'elle n'a jamais fait. Nous ne ferons donc pas appel à elle. Il nous faut trouver celle qui aurait déjà une expérience dans le domaine. Il en existe bien une : la portugaise Helena Costa. Entraîneur de petits clubs amateurs masculins dans son pays d'origine, entraîneur des moins de 17 ans au Benfica Lisbonne, elle est un profil intéressant pour le poste que nous visons. Nous réalisons que la tâche n'est pas facile. Très peu de femmes sont éligibles à ce genre de poste à hautes responsabilités. La concurrence est extrêmement rude à ce niveau, les places sont chères. Offrir à une femme une telle opportunité relève du miracle. Celles qui ont réussi à obtenir le graal – l'UEFA pro ou le BEPF – n'ont pas l'expérience nécessaire pour ce genre de poste. Mais comment pourraient-elles acquérir une expérience si personne ne leur donne une chance ? C'est le chat qui se mord la queue... Nous sommes face à une fourmilière très bien organisée par les hommes, avec ses habitudes et ses codes. Il ne nous reste plus qu'à y donner un grand coup de pied.

Patrick, qui est d'origine portugaise, parvient à trouver le numéro d'Helena Costa. Il l'appelle :

« Serais-tu intéressée par ce challenge ?

– Bien sûr, si j'ai voulu passer mon diplôme, c'est parce que, secrètement, j'en rêve mais je sais que c'est impossible. »

« Impossible » n'est pas français, tant que nous n'aurons pas tout tenté pour parvenir à nos fins.

Motivés par l'enthousiasme de la jeune femme, nous décidons d'en parler à Bruno Allègre, le président du club de Châteauroux. Je profite d'une pause-café pour l'interpeller :

« J'ai une question à te poser. Donnerais-tu la chance à une femme d'entraîner ton équipe professionnelle ?

– Je suis certain d'avoir bien entendu ? me répond-il les yeux écarquillés.

– Je sais, tu me prends pour une folle, j'ai l'habitude, mais peux-tu quand même étudier la question ? »

Bruno doit faire un gros effort pour imaginer l'impossible. Il s'empare d'une feuille blanche, dresse deux colonnes avec, d'un côté, le positif et de l'autre, le négatif puis me rend son travail. La partie négative est noircie d'interrogations : comment une femme va-t-elle gérer un vestiaire ? Quelle autorité peut-elle avoir sur une équipe masculine ? Comment légitimer une femme aux yeux des joueurs ? Et j'en passe. La partie positive ne tient qu'en une ligne : l'écho médiatique que susciterait l'arrivée d'une femme à la tête d'un club masculin.

La messe est dite. Je repars penaude, sans pour autant me décourager. Mon idée est « révolutionnaire », il est donc normal qu'elle provoque ce genre de réactions.

Peu de temps après ce rendez-vous, lors d'une conversation avec mon père, je décide de le sonder sur le sujet. Après un long silence, il répond :

« Sonia, tu sais bien que j'adhère généralement à tes idées, mais là tu vas trop loin. »

Puis sur un ton passablement agacé, il poursuit :

« Tu risques de te discréditer. C'est n'importe quoi ! »

Déçue de sa réaction, je rétorque :

« Mais papa, tu es en totale contradiction avec ce que tu as fait pour moi jusqu'à présent ! C'est toi qui m'as poussée à faire ce métier ! Une femme agent qui représente des hommes ne te choque pas, mais un coach, oui. J'ai du mal à te suivre ! »

Mon père ne trouve pas d'arguments, mais c'est ainsi, pour lui, ce que je propose est inenvisageable. Fin de la discussion.

J'enchaîne mon tour d'horizon en appelant Noël Le Graët qui, lui aussi, m'affirme que cette idée n'est pas réalisable.

Pas une personne ne se range de mon côté, pire, on me prend pour une dingue. Je réfléchis et arrive à la conclusion suivante : je dois trouver un président suffisamment détaché du foot pour prendre ce risque, quelqu'un qui considère son club comme une entreprise dont le leader pourrait très bien être une femme. Je n'en connais qu'un : Claude Michy, et ça tombe très bien car il est le président du club de ma ville, le Clermont Foot. Ce dernier ne cesse de clamer à qui veut l'entendre qu'il n'est pas passionné de football. Il en tire presque une fierté. Son truc à lui, ce sont les sports mécaniques. Il possède une importante agence d'événementiel réputée en région Rhône-Alpes. Il organise de nombreuses manifestations, dont les 24 Heures du Mans, le trophée Andros, les championnats du monde de moto-cross. Je ne perds rien à le contacter d'autant plus que je l'ai déjà rencontré. J'avais 18 ans. À l'époque, il organisait les championnats du monde de poids légers de boxe anglaise. Je venais d'être élue Miss Auvergne et, naturellement, il a fait appel à moi pour que je sois la *boxing ring girl*, autrement dit celle qui monte sur le ring avec une pancarte indiquant le numéro du round à venir. Après avoir négocié une tenue de soirée au lieu du maillot de bain habituellement exigé, j'avais accepté. Le job était payé 300 euros, une coquette somme pour l'étudiante que j'étais. Je n'en ai jamais vu la couleur…

Il se souvient de moi, c'est certain. Enfin je l'espère ! J'entre en contact avec son directeur sportif qui me redirige vers lui car seul le président s'occupe du recrutement des entraîneurs.

Je l'appelle, me présente et, sans me laisser le temps de m'exprimer, il me dit :

« Je ne parle pas aux agents. »

J'en déduis que Claude Michy ne me connaît pas seulement en tant que Miss, ce qui me rassure.

Je ne me laisse pas intimider et lui demande :

« Vous vous occupez bien du recrutement des entraîneurs ?

– Oui, en effet, mais nous avons déjà Régis Brouard en poste. Il a une offre de prolongation de contrat sur la table. Je serai à votre écoute seulement s'il la décline. »

Je dois, une fois de plus, batailler pour me faire entendre.

« Je comprends, mais il faut absolument que je vous parle.

– OK, envoyez-moi un mail. »

Je ne perds pas un instant et prends ma plus belle plume pour rédiger mon message intitulé : Projet audacieux et ambitieux.

Après de longs paragraphes de présentation, j'entre dans le cœur du sujet :

J'aimerais que l'on marque ensemble l'histoire du football français, que l'on réalise ensemble une première historique. Comment ? En intronisant pour la première fois dans l'histoire du football français UNE FEMME en tant qu'entraîneur d'une équipe professionnelle de football masculin… Pour relever avec succès un tel défi, j'ai mis du temps à trouver une femme diplômée et assez expérimentée dans le football masculin. Cette femme s'appelle Helena Costa. Une telle première attirera avec certitude les projecteurs sur le club… Vous êtes un président visionnaire… je vous fais confiance pour porter tout l'intérêt que mérite ce projet…

Après de longs jours de silence, Claude Michy me laisse le message suivant :

Rappelez-moi svp. J'ai bien pris connaissance de votre message et votre idée est très loin d'être saugrenue.

Je saute au plafond. Cette nouvelle me rend folle de joie. Convaincue que l'impossible est possible, je le rappelle instantanément.

« J'ai un problème, me dit-il, Régis Brouard ne m'a toujours pas donné sa réponse et j'ignore s'il va prolonger son contrat de travail. Si c'est le cas, je ne pourrai rien faire. Je n'ai jamais poussé mes entraîneurs vers la sortie. En revanche, s'il décide de partir, je suis ouvert à votre idée. »

Je parviens cependant à le convaincre de discuter avec Helena Costa en toute discrétion.

La rencontre se déroule à Paris, dans nos bureaux du 16e arrondissement. Claude Michy introduit l'entretien par ces mots : « Je suis un grand macho, je l'assume, mais cette idée est pertinente. Pourquoi une femme ne serait-elle pas capable d'entraîner une équipe masculine ? » Voilà un homme qui ne mâche pas ses mots. Ça me plaît ! Claude Michy n'est pas du genre à s'épancher, il écoute attentivement, prend des notes. Le président du Clermont Foot accepte le challenge à condition que son coach actuel quitte de lui-même le club. Il ne me reste plus qu'à prier pour qu'il parte...

Mes vœux sont exaucés car, à la suite d'un rendez-vous avec Claude Michy, l'entraîneur du Clermont Foot décide de ne pas prolonger l'aventure auvergnate. Pari gagné ! Comme je l'avais prédit à mes associés, nous allons réaliser un exploit, faire ce que jamais personne n'avait osé imaginer.

Avant la nomination d'Helena, je m'octroie quatre jours de vacances à Tenerife avec ma petite sœur. Elle a 15 ans, j'ai envie de lui faire plaisir mais aussi de souffler. Le pire timing de ma vie ! Je viens à peine de poser ma serviette sur le transat qu'un journaliste de *L'Équipe* m'appelle :

« Je pense que j'ai un scoop qui va faire la Une du journal demain. J'ai eu vent de la nomination d'Helena Costa à la tête du Clermont Foot masculin. C'est génial, incroyable, comment avez-vous eu cette idée ? »

Ma tension monte en flèche. Je voulais absolument que le club ait la primeur de l'info. Comment faire pour empêcher ce journal de lui voler la vedette ? Sur un ton on ne peut plus innocent, je réponds :

« Je ne pensais pas que la nomination d'Helena Costa en tant que coach de l'équipe première féminine du Clermont Foot méritait la Une de *L'Équipe*. Mais je suis super contente pour elle et pour le club de ma ville. C'est topissime ! Je vous félicite. »

Pris d'un sérieux doute, le journaliste annule son projet. Dès le lendemain, le Clermont Foot annonce la nomination d'Helena Costa. La nouvelle fait l'effet d'une bombe. Le jour de la conférence de presse, 130 journalistes du monde entier se déplacent à Clermont-Ferrand, intronisant officiellement et pour la première fois une femme en tant qu'entraîneur d'une équipe professionnelle masculine de Football. La nouvelle coach est accueillie comme une star. Son téléphone se met à bugger sous le nombre incalculable d'appels. Le mien ne survit pas non plus. Guillaume Dufy, le journaliste de *L'Équipe*, est en rogne. Il m'en veut terriblement de l'avoir induit en erreur. Je ne lui dois pourtant rien, mais me sens coupable. Je prends alors la décision de lui accorder l'une des exclusivités de la présence d'Helena Costa sur un plateau télé. Depuis, Guillaume est devenu mon journaliste de confiance auquel je fais appel chaque fois que j'ai besoin de m'exprimer. La dernière fois, c'était au sujet de Noël Le Graët.

Suite à ce tour de force, le président du Syndicat des agents sportifs me propose de les rejoindre. Je deviens la première femme à y entrer, l'unique pendant dix ans. Je vis un rêve, un moment hors du temps. Les messages pleuvent de toutes parts. Les présidents de club me félicitent, ainsi que Noël Le Graët qui me témoigne toute son admiration. Je viens de réaliser un grand pas pour la cause féminine.

Entre-temps, nous apprenons que Corinne Diacre a obtenu son BEPF. Son agent, Jean-Pierre Bernès, déclare publiquement que sa cliente est ouverte à ce genre d'opportunités. Cette information ne va pas tomber dans l'oreille d'un sourd…

Lorsqu'Helena Costa prend possession de son poste, nous découvrons alors son caractère bien trempé. Une qualité indéniable pour le rôle qu'elle doit assumer, sauf qu'elle ne s'entend pas avec le directeur sportif du club, le prend en grippe et refuse toutes ses propositions en bloc. Patrick et moi tentons d'apaiser la situation entre eux, rien n'y fait. Je me rassure en mettant son comportement sur le compte du stress. En effet, Helena n'avait pas anticipé l'ampleur de la tâche, elle prend conscience que les médias l'épient et scrutent tous ses faits et gestes. Elle n'a pas droit à l'erreur. Elle est la seule femme. La première. La pression devient si forte qu'elle refuse d'assurer son premier entraînement, utilisant de nombreuses excuses, dont sa mésentente avec le directeur sportif. Claude Michy organise une réunion de crise dans son bureau avec les deux protagonistes, son fils, Patrick et moi. Chacun d'entre nous tente de raisonner Helena qui ne veut rien entendre. La discussion s'étire jusqu'au moment où la nouvelle coach nous annonce qu'elle souhaite démissionner. C'est une déflagration ! Le sol se dérobe sous mes pieds, j'espère avoir mal compris. Dans l'espoir de la faire changer d'avis, Olivier Chavanon, le directeur sportif du Clermont Foot en poste depuis quatorze ans, prend la parole :

« Helena, si ma présence est un problème pour toi, je suis prêt à me retirer. Si tu souhaites manager et t'occuper du recrutement toute seule, je me débrouillerai pour exercer une autre activité au sein du club.

– Ce n'est pas suffisant », réplique-t-elle d'un ton déterminé.

Je comprends alors qu'Helena veut sa tête. Je ne peux m'empêcher d'intervenir.

« Helena, tu n'es pas juste ! Olivier est prêt à se retirer et tu refuses ? Que cherches-tu ? » Sans réaction de sa part, je reprends : « Helena, franchement ça me dépasse ! Olivier est père de famille, tu veux lui enlever le pain de la bouche ? En fait, tu veux le faire virer ! »

Et pour seule réponse, elle déclare : « Ma décision est prise : je démissionne. »

Si, à cet instant précis, Patrick et moi avions pu trouver un trou dans lequel nous enterrer, nous l'aurions fait. Nous avons embarqué Claude Michy dans cette aventure. Grâce à son ouverture d'esprit, les portes se sont enfin ouvertes pour les femmes. Je sais que cet événement dramatique et inattendu les refermera à triple tour et durant de très très longues années. Cette seule perspective est insoutenable.

Le visage livide, en état de choc, Claude se lève de sa chaise :

« Je pars faire un tour de vélo, je reviendrai plus tard. »

Avant de quitter la pièce, il se tourne vers nous et annonce : « J'assume. Je vais démissionner. »

Patrick et moi partons déjeuner. Je fixe mon plat sans pouvoir le toucher. Je ne peux rien ingurgiter. Nous avons perdu la face. Je suis nouée, l'air est devenu irrespirable.

« Je suis désolée, Patrick. C'est de ma faute tout ça. Désolée de vous avoir entraînés, Samy et toi, dans ce chaos. J'ai voulu bien faire, et regarde où nous en sommes ? Si Claude Michy démissionne…

– Nous ferons également ce qui s'impose… » acquiesce Patrick.

Au moins nous sommes en phase.

Je n'arrive pas à comprendre ce qui a pu déconner à ce point. Tout marchait pourtant comme sur des roulettes. Ma carrière est terminée. J'éprouve un sentiment de honte que je n'avais jamais ressenti jusque-là, car l'échec est cuisant. C'est le revers de trop, la claque de trop. J'ai bien une solution de secours en tête, mais quel crédit peut-on m'accorder aujourd'hui ? Je décide malgré tout d'en faire part à mon associé :

« Corinne Diacre a son diplôme, elle a exprimé son désir d'occuper ce genre de poste ; pourquoi ne pas lui proposer ? C'est le seul moyen de nous sauver : remplacer une femme par une femme.

– Cela va être compliqué, Sonia, tu vois bien que nous ne sommes plus en position de proposer quoi que ce soit », me répond Patrick.

Nous quittons le restaurant pour retrouver Claude Michy au bar d'un hôtel. Il semble abattu, désespéré, mais au fond, je ne le sens pas prêt à démissionner. Nous nous efforçons de comprendre comment nous en sommes arrivés là quand, au détour de la conversation, le président du Clermont Foot nous dit : « Et Corinne Diacre ? »

Mon cœur s'emballe. Je n'ose pas croire à ce que je viens d'entendre.

« Nous pensions également à elle, lui dis-je, mais après cette débâcle, j'ai préféré la fermer. Laissez-moi la contacter, et surtout, la convaincre. »

À l'instant où l'annonce de la démission d'Helena Costa devient officielle, je reçois un appel de Noël Le Graët, dépité. Je n'ai ni les mots ni le temps de lui expliquer la situation mais l'implore de me trouver le numéro de téléphone de Corinne Diacre. Il s'exécute.

Je ne perds pas une seconde pour la contacter, sans succès. Une heure plus tard, elle me rappelle. Je suis en bas de l'immeuble où vit mon frère. Il tombe des cordes, je cours me réfugier dans ma voiture.

« Corinne, merci de me rappeler. Comme vous le savez, Helena Costa démissionne. C'est une catastrophe pour la cause des femmes dans le football. Si cette porte se referme, elle ne se rouvrira pas de sitôt. »

J'égrène tous les arguments pour la convaincre mais au beau milieu de mon plaidoyer, Corinne Diacre intervient : « Je vous coupe tout de suite, Madame Souid, je me suis déjà engagée. »

Je perds mes mots : « Mais comment ? Où ?

– À Châteauroux. »

Une fois de plus, le ciel me tombe sur la tête. Le fameux Bruno Allègre, président de Châteauroux qui m'avait démontré, en griffonnant ses colonnes sur un morceau de papier, l'absurdité de recruter une femme pour gérer une équipe masculine, a contacté Corinne Diacre. Certes, sans lui proposer le poste d'entraîneur principal, mais celui d'adjointe. Son contrat n'est pas encore signé, Corinne s'est seulement engagée oralement.

Je trouve la force de lui avancer un dernier argument :

« Vous n'allez tout de même pas comparer la possibilité de devenir entraîneur principal d'une équipe de Ligue 2 à celle d'adjointe ! »

Je la sens troublée et profite de ce moment pour lui asséner « le coup final » :

« Si vous ne relevez pas le défi, cette chance ne se représentera pas avant très longtemps.

– Laissez-moi réfléchir. »

Trois heures plus tard, Corinne Diacre me rappelle : « J'ai bien réfléchi, je suis d'accord pour entrer en contact avec Claude Michy. Ce challenge m'intéresse. »

Quel soulagement ! Je n'ai jamais vu cette femme en chair et en os mais je l'aime déjà !

En juin 2014, Corinne Diacre est nommée entraîneur du Clermont Foot pour ma plus grande fierté. Elle y restera trois ans. Le président lui donne carte blanche pour manager l'équipe et s'occuper du recrutement car le directeur sportif, Olivier Chavanon, a quitté le club.

À aucun moment elle n'évoque mon nom dans les médias lorsqu'elle raconte son aventure clermontoise. Sans donner aucune explication, elle refuse d'emblée les joueurs que je lui propose lors des périodes de recrutement. Je deviens sa bête noire. Pour quelle raison ? Je le comprendrai bien plus tard. Moi qui croyais dur comme fer à la solidarité féminine, je tombe de haut. Je deviens transparente à ses yeux comme à ceux de Claude Michy. Je n'existe plus, si tant est que j'aie existé un jour. Les portes de mon club de cœur me sont à présent proscrites.

Je reste dans l'incompréhension mais ne souhaite pas m'imposer. J'ai atteint mon objectif de placer une femme à la tête d'une équipe masculine, mon cas personnel n'a pas d'importance. Même si ça fait mal.

Lorsque, des années plus tard, Corinne Diacre deviendra sélectionneuse de l'équipe de France féminine, elle interdira aux joueuses d'inviter leurs agents aux matchs. Sans tomber dans la paranoïa, je ne peux m'empêcher de faire un lien de cause à effet avec moi.

Je tente de trouver une explication à son comportement. M'en veut-elle de l'avoir choisie en solution de secours après la démission d'Helena Costa ? Pense-t-elle qu'elle ne me doit rien ? Que son poste à la tête d'une équipe masculine n'est que la suite logique de sa carrière ? Si tel est le cas, cela ne justifie pas une telle aversion envers moi.

Les jours passent et les langues se délient. À Clermont-Ferrand, Corinne Diacre est surnommée « Attila » par l'ensemble de l'équipe qui souffre de son management brutal. En effet, les méthodes de la technicienne sont loin de faire l'unanimité. « On se croirait dans une dictature, où chaque oreille qui dépasse est coupée », dénonce l'un des joueurs sous le sceau de l'anonymat. Un autre abonde dans son sens en déclarant : « Elle instaure la peur. » J'ai cru, pendant un temps, qu'elle faisait preuve d'une sévérité extrême pour s'imposer en tant que femme dans ce monde d'hommes mais lorsque les plaintes se sont accumulées, j'ai alors compris que le problème venait d'elle et non de moi.

Corinne Diacre ne m'a jamais calculée, jamais remerciée, mais je dois reconnaître que sans elle je ne serais peut-être plus agent à l'heure où j'écris ces lignes. Grâce à elle, je n'ai pas abandonné mon métier car elle nous a évité de subir une humiliation sans précédent. C'est parce qu'elle a accepté de relever le challenge que mon vœu le plus cher de placer une femme au poste d'entraîneur d'une équipe masculine s'est réalisé, alors je n'ai qu'une seule chose à lui dire : « Merci Madame Diacre ».

Depuis sa nomination, aucune femme n'a jamais plus entraîné une équipe masculine. Cependant, cet événement a probablement bousculé l'inconscient de certains présidents, notamment Jean-Michel Aulas, qui a confié quelques années plus tard l'Olympique Lyonnais, la meilleure équipe du monde de football féminin, à Sonia Bompastor. Elle n'est plus la seule. Depuis, d'autres femmes ont accédé au poste d'entraîneur d'une équipe féminine, en France et à l'étranger, comme Sandrine Soubeyrand au Paris FC, Amandine Miquel à Leicester City en Angleterre, Sarah M'Barek au RC Lens, Sarina Wiegman, double championne d'Europe avec les Pays-Bas et l'Angleterre, et Emma Hayes, championne olympique avec les États-Unis. Je suis intimement convaincue que l'une d'entre elles se verra un jour proposer à nouveau un poste d'entraîneur d'une équipe professionnelle masculine de haut niveau. Ce n'est qu'un début.

Chapitre 7

ET SI TARZAN ÉTAIT UNE FEMME ?

Je suis la première des petits-enfants de ma famille. Trois ans plus tard naît mon frère Samy. Dès l'instant où il vient au monde, certains membres de mon entourage le considèrent comme un cadeau du ciel tout simplement parce qu'il est un garçon. Surtout mon père et mes grands-parents paternels. Rien de plus normal dans la culture orientale, n'empêche que moi, je me sens dévalorisée et, par conséquent, ne le porte pas vraiment dans mon cœur les premiers mois de son existence. Je le jalouse. Je me dis : *Parce qu'il est né homme, il a droit à l'admiration de tous alors qu'il n'a rien fait de spécial pour ça. Et moi ? Ce n'est pas parce que je ne suis pas née avec des coucougnettes que je suis moins bien que lui !* Je déteste me sentir obligée d'en faire toujours plus pour attirer l'attention. Plus nous grandissons, plus mon frère est mis sur un piédestal, particulièrement par ma grand-mère paternelle, alors que moi, je dois aider aux tâches ménagères. J'accepte un temps sans broncher, considérant que Samy est trop petit pour mettre la main à la pâte mais au bout de quelques années, je comprends qu'il ne sera jamais sollicité au nom de sa masculinité. Je me révolte.

« Pourquoi Samy ne débarrasse pas la table ? demandé-je à ma grand-mère.

– Mais parce que c'est un homme, voyons ! me répond-elle l'air choqué comme si je venais de prononcer une énormité.

– Eh bien, si c'est comme ça, vous ne me verrez plus jamais dans une cuisine, je ne vous aiderai plus jamais à faire le ménage ! »

Je n'en ai jamais voulu à ma grand-mère qui n'a pas eu la chance d'aller à l'école, qui a vécu à une autre époque, dans une culture différente où la femme devait être au service de l'homme. Toujours est-il que cette inégalité de traitement a fait de moi une femme révoltée et déterminée qui ne se contentera pas de jouer un rôle subalterne dans la vie. Mais cette détermination a eu un effet secondaire : une aversion pour la cuisine et les tâches domestiques qui, pour moi, restent inévitablement associées au statut de la femme soumise. Je n'en suis pas fière, surtout par rapport à mes enfants qui se retrouvent aujourd'hui avec une mère incapable de leur préparer de bons petits plats.

Ces premières années ont probablement posé les fondements de ma personnalité. Finalement, ce n'est peut-être pas un hasard si j'ai choisi un métier d'hommes où, chaque jour, je dois prouver que je suis aussi compétente que mes collègues masculins.

En effet, être agent de football lorsqu'on est une femme représente un défi constant qui nous oblige sans cesse à redoubler d'efforts pour prouver notre légitimité. En ce qui me concerne, je suis confrontée à une autre réalité : celle d'être mère dans un monde d'hommes.

Lorsque nous avons décidé d'avoir des enfants, David, mon compagnon, m'avait prévenue que son métier l'emmènerait souvent aux quatre coins du monde. Sous-entendu, il faudrait que j'intègre l'idée de me retrouver souvent seule à devoir gérer mon boulot et ma petite famille.

J'imaginais bien que mes journées ne seraient pas de tout repos mais peu m'importait, l'homme de ma vie, c'était lui et personne d'autre !

Je l'ai rencontré grâce à Francisco, un agent espagnol que m'avait présenté Bertrand Benoît, le président du club d'Istres. Un jour, Francisco se rend à notre bureau parisien pour échanger sur une future collaboration. Au cours de la conversation, il propose de nous mettre en contact avec David, un ancien footballeur espagnol reconverti dans le conseil de plusieurs clubs.

« Ce garçon vient de divorcer, je ne sais pas pourquoi mais je me dis que vous iriez très bien ensemble ! »

J'apprécie moyennement sa réflexion. Mélanger le privé et le professionnel me paraît très déplacé, ce que je ne manque pas de lui faire remarquer. Et puis l'amour n'est pas ma priorité. Ce qui compte pour moi, c'est mon boulot. Point barre ! Pourtant, Francisco insiste.

« Va sur Google et tu verras !

– Allez ! Vas-y ! » renchérit Patrick en se marrant.

Je me laisse convaincre et tape son nom. Il est canon, rien à dire, cependant, la première photo qui apparaît le montre au bras d'une splendide femme.

« Ta prédiction ne va pas aller bien loin, parce qu'a priori il affectionne les femmes plantureuses alors que moi, je suis plate comme une limande ! »

En effet, à cette période-là, je suis l'ombre de moi-même, squelettique. Mes journées, je les passe à travailler, oubliant parfois même de déjeuner ou de dîner.

Je ne m'attarde donc pas sur cette photo et demande aux garçons de se reconcentrer sur notre sujet. Deux mois plus tard, le 15 octobre 2013, à la demande de Francisco, je me rends en Espagne avec l'un de mes associés pour rencontrer le directeur sportif du club espagnol, Girona Futbol Club. Nous y passons la journée puis, toujours en compagnie de notre hôte, prenons le train en direction de Madrid afin de rencontrer le fameux David, dont les bureaux sont situés tout près de la gare d'Atocha et de l'hôtel Ritz. Je ne sais pourquoi mais un sentiment inexplicable m'envahit. Le ciel est d'un bleu profond comme souvent dans la capitale espagnole, la brise douce et légère qui souffle ne fait qu'ajouter à ce bien-être que je ressens tout au long du chemin. Nous arrivons enfin puis patientons dans le hall en attendant que David, en rendez-vous avec des clients, vienne nous chercher. C'est alors que je le vois débarquer : grand, brun, athlétique. Je suis littéralement foudroyée. Les papillons dans mon ventre et l'air béat que j'affiche en sa présence ne laissent aucun doute sur mon état. Dès la première seconde où je l'aperçois, je sais que cet homme sera important dans ma vie. L'avenir me donnera raison : onze ans de vie commune, deux enfants, un garçon et une fille. Le choix du roi. Une belle récompense après deux grossesses horriblement difficiles, durant lesquelles j'ai pris, chaque fois, plus de trente kilos. Pour agrémenter le tout, j'ai eu la bonne idée d'accoucher pour les deux en été, lors du fameux mercato. Le temps le plus fort de l'année pour nous, agents de foot ! Je me revois répondre à des e-mails et des messages dans ma chambre d'hôpital alors que ma vue était encore floue. Je dois me rendre à l'évidence : j'aime la difficulté.

David est un bon père qui ne rechigne jamais à me donner un coup de main, et lorsqu'il s'absente, une nounou prend le relais pour m'aider. Là aussi, je me rends à l'évidence : je ne suis pas une super-woman !

Mon quotidien se déroule dans une course effrénée contre la montre. Chaque jour commence avant l'aube. Je prépare mon fils et ma fille, organise soigneusement chaque détail pour que rien ne soit oublié. Après les avoir déposés à l'école et à la crèche, je me plonge dans une journée de travail intense : réunions, déplacements, négociations. Mon agenda est une mosaïque complexe où chaque minute compte. La fin de la journée est pour moi, comme pour beaucoup de mères qui travaillent, le début d'une autre. Une fois les enfants endormis, je m'installe devant mon ordinateur pour rattraper les retards, répondre aux mails et finaliser les dossiers urgents. Quoi qu'il arrive, je reste joignable et disponible pour mes clients de jour comme de nuit.

L'allaitement ajoute une dimension supplémentaire à ce défi : je ne peux m'éloigner des petits, ce qui m'oblige à les emmener avec moi lors de mes rendez-vous et de mes déplacements. Je refuse de faire un choix entre mon travail et mes enfants. Bien que mère avant tout, je crois fermement pouvoir concilier mes deux vies.

Ma situation présente, certes, de nombreuses difficultés. Lorsque j'arrive aux réunions avec mon fils ou ma fille sous le bras, je m'excuse très souvent de leur présence, me justifie. Je ne souhaite pas imposer ma maternité aux autres, mais je n'ai pas le choix, mes enfants sont ma priorité absolue, alors quand arrive le moment de les allaiter, instinctivement je dégrafe mon chemisier et les nourris. Personne ne s'est jamais permis de me faire la moindre réflexion mais les regards des hommes, et même ceux des femmes, ne trompent pas.

Je me souviens d'ailleurs de ce jour où j'ai dû me rendre au club des Girondins de Bordeaux pour la signature de l'entraîneur Patrice Lair. Nous sommes en plein été, il fait très chaud, je débarque en retard, en nage, avec la poussette, la valise, deux sacs, mon ordinateur et le petit qui hurle. La directrice juridique et ses collaborateurs m'attendent dans l'open space du fameux château du Haillan. Un cadre idyllique qui dénote avec le mal-être que je ressens. Tous les regards se posent sur moi. Je sens bien que je dérange, que j'agace. Ça crève les yeux. Pas une once d'empathie à mon égard. Je me sens horriblement gênée. J'arrive à endormir mon fils en l'allaitant ce qui me permet de relire attentivement les contrats avant la signature des deux parties. Puis vient le moment où je dois accompagner Patrice pour la photo officielle. Je demande timidement aux personnes présentes de surveiller mon fils endormi dans la poussette, me remaquille en vitesse tout en essayant de camoufler les deux énormes auréoles sur ma robe puis descends les escaliers quatre à quatre pour arriver à temps pour la séance photo. Au bout d'une demi-heure de calme, j'entends mon enfant pleurer, il s'est réveillé, je remonte en vitesse. Personne ne me propose de l'aide. Je parviens malgré tout à assurer mes obligations professionnelles jusqu'au bout.

Après cette épopée dont je me souviendrai longtemps, le directeur général des Girondins m'enverra un message dans lequel il m'écrira toute son admiration pour ma capacité à concilier maternité et travail :

> *Merci à vous, très impressionné, j'avoue, que vous arriviez à mener le mercato tout en vous occupant en même temps de votre bébé. Bien à vous.*

J'ai été touchée de cette attention car il n'y était pas obligé.

Cette attitude à l'égard des femmes est typiquement française. Jamais dans les pays anglo-saxons ou même aux Émirats arabes unis, je n'ai ressenti une telle indifférence face à ma situation. En Angleterre ou aux États-Unis, tous me disent : « *Kids first ! Kids first !* » pour me mettre à l'aise. Lors d'une visite récente du centre d'entraînement du club américain de NWSL, la ligue professionnelle américaine de soccer, Washington Spirit, je fus très agréablement surprise de découvrir une salle dédiée aux enfants en bas âge des joueuses. Cette initiative extraordinaire n'est pas étrangère à l'arrivée de la nouvelle propriétaire du club, Michele Kang, visionnaire et piquée par la même passion que moi, celle de contribuer à l'avancée des femmes dans le monde du sport. Ou encore lors d'un déplacement à Salt Lake City aux États-Unis, la manageuse Kelly Chambers m'a reçue elle aussi avec son bébé. J'avais envie de lui sauter dans les bras. *Je ne suis pas seule !* Nous avons négocié le départ de l'internationale française Amandine Henry tout en promenant en poussettes nos deux filles au centre d'entraînement de l'équipe de NWSL, Utah Royals FC. Je ne pouvais me départir de mon sourire. Vive les *working mums* !

Je serais cependant malhonnête de généraliser et de réduire le milieu du football à des machos sans état d'âme. J'ai eu la chance de croiser sur mon chemin des hommes formidables, respectueux de la femme mais aussi de la mère que je suis.

Je pense avant tout à Jean-Michel Aulas, le président de l'Olympique Lyonnais. Dès notre première rencontre, il m'a fait confiance. J'ai ainsi pu réaliser le premier gros coup de ma carrière en signant l'Émirati Hamdan Al-Kamali à Lyon. D'autres ont suivi. Il m'a toujours donné les moyens de parvenir à concrétiser mes projets, comme ce jour où il a mis à ma disposition son équipe de foot féminine U19 pour un tournoi que j'avais organisé à Abu Dhabi. Cet homme a été l'un des grands artisans du football féminin, après Louis Nicollin qui l'a largement inspiré. Il a été visionnaire, a investi d'importantes sommes d'argent pour faire avancer la cause des femmes, quitte à se heurter à l'incompréhension de son entourage, notamment de Bernard Lacombe, son conseiller sportif, réputé pour son machisme légendaire. C'est à lui que revient cette phrase inoubliable, qu'il prononça lors d'une émission de radio : « Je ne discute pas de football avec les femmes [...] Qu'elles s'occupent de leurs casseroles, ce sera beaucoup mieux. » Il m'est arrivé de le croiser à plusieurs reprises et je dois avouer qu'il restait fidèle à sa réputation. Il ne m'a jamais adressé la parole, ni même un regard, jamais prêté attention alors que je venais signer des joueurs à Lyon. Je pense que le fait de parler foot ou de négocier avec une femme était au-dessus de ses forces. L'inverse de Jean-Michel Aulas qui continue de se battre encore aujourd'hui pour ses joueuses. Comme une mission qu'il doit mener. « Miser sur les filles n'a jamais été une tactique d'ordre financier mais un investissement à caractère social », a-t-il déclaré. Ce profond désir de parité ne vient pas de nulle part. Fils d'enseignants, il a été élevé dans l'idée que les femmes sont les égales des hommes et qu'elles possèdent des qualités qu'ils n'ont pas. L'admiration qu'il vouait à sa mère, à laquelle il a d'ailleurs dédié son ouvrage, n'est pas étrangère à sa mobilisation pour la gent féminine. Jean-Michel Aulas a toujours été très sensible à mon statut de mère, allant même jusqu'à me suggérer de s'occuper de mon petit garçon le jour de la signature de Delphine Cascarino à l'Olympique Lyonnais. « Ne t'inquiète pas, Sonia, je peux faire office de baby-sitter si tu veux. J'ai beaucoup d'expérience », m'avait-il proposé tout en m'expliquant qu'il était grand-père de deux petits-enfants.

Il n'est pas l'unique. Je me souviens avoir allaité ma fille en Algérie, face au ministre de la Jeunesse et des Sports. Cela ne l'a pas empêché de poursuivre sa conversation et de me confier des missions. Ces moments de solidarité masculine ont été des bouffées d'air frais dans un environnement parfois oppressant. Ils m'ont donné la force de continuer de croire en ma capacité de jongler avec toutes ces responsabilités sans sacrifier l'une pour l'autre. J'ai appris à naviguer dans ces eaux tumultueuses, à accepter l'aide quand elle se présentait et à ne jamais cesser d'avancer.

Parmi ces hommes qui m'ont marquée par leur élégance et leur considération, il y a Tamim Al-Thani, l'émir du Qatar qui, par un heureux concours de circonstances, m'a reçue dans son bureau durant près d'une heure. J'avais déjà été très surprise quand, à l'heure du rendez-vous, alors que je l'attendais assise dans un petit salon, il m'avait envoyé un message d'excuses pour ses quelques minutes de retard. L'émir du Qatar considéré comme un Dieu vivant par toute une population s'excusait ! Lorsqu'il s'est présenté à moi, j'ai levé la tête alors que je portais des talons. Très grand, charismatique et courtois, il m'a accueillie avec un sourire chaleureux, un regard bienveillant et, cerise sur le gâteau, s'est adressé à moi dans un français impeccable. Il m'a accordé tout son temps sans jamais prêter attention à son téléphone, s'intéressant de près à mon parcours professionnel. Il ne s'agissait pas d'une question de politesse mais d'un réel intérêt qu'il me manifestait.

Lorsque j'ai cherché à en savoir davantage sur cet homme si humble malgré son statut, j'ai découvert qu'il avait étudié dans les plus grandes écoles londoniennes, d'où son éducation parfaite. Il a surtout été élevé par une mère exceptionnelle, la cheikha Moza, l'une des femmes les plus influentes du monde, l'une des rares princesses du Golfe à se montrer en public. Grande, belle et passionnée de mode, c'est en partie grâce à elle que l'Émirat a connu un réel mouvement d'émancipation féminine. Aujourd'hui, les femmes occupent des emplois visibles dans la fonction publique et certaines ont même accédé à des postes ministériels. Rien d'étonnant à ce que son fils soit un véritable gentleman.

Dans un autre genre, il y a Louis Nicollin, le président du club de Montpellier. Les premières minutes de ma rencontre avec ce grand monsieur du football français resteront à jamais gravées dans ma mémoire. Invitée à déjeuner pour discuter d'Amandine Henry qu'il souhaite recruter, je me rends dans son magnifique mas en présence de Patrice Lair, alors conseiller de la section féminine. Plusieurs personnes du club sont présentes. Je suis ravie et en même temps curieuse de rencontrer cet homme qui fut le premier à investir de l'argent dans le football féminin. Il possédait les meilleures joueuses, les meilleurs entraîneurs, et a gagné les premiers titres de champion de France avec Montpellier.

C'est l'été. Je porte une jupe longue, un tee-shirt et des chaussures plates. Patrice Lair me présente à Louis Nicollin qui, dans un premier temps, reste muet. Il me regarde longuement, me scrute de la tête aux pieds avant de partir dans un fou rire interminable et incontrôlé. Personne ne m'avait encore jamais fait ça !

Il rit à gorge déployée, mais pour quelle raison ? Se moque-t-il de moi ? Mon incompréhension est totale. Le président finit par se reprendre et me dit : « Je n'ai rien contre vous. J'avais déjà entendu parler de vous, mais je ne m'attendais pas à ça. » Puis il repart de plus belle. Entre deux éclats de rire, il me lance : « Vous êtes agent ? Vous ? »

Personne autour de moi n'ose réagir. Curieusement, je ne me formalise pas et, contaminée par son humeur joviale, me mets à rire aussi.

« On m'avait dit à quoi vous ressembliez, mais là ! C'est une caméra cachée, c'est pas possible ! »

Ah ! voici la raison ! Un de plus qui me prend pour un ovni. Il n'est pas le premier. Je dois reconnaître cependant que la forme est pour le moins surprenante.

Lorsqu'on ne me prend pas pour un extraterrestre, on me soupçonne d'être une espionne. C'est ce qu'il m'est arrivé lors d'un congrès FIFA à Bahreïn au cours duquel je rencontre Steevie, un jeune homme qui navigue dans les sphères politiques. Nous sympathisons et, gentiment, il me propose de dîner à sa table où est assis Ahmet Schaefer, un homme d'affaires suisse. Au bout de quelques minutes à peine, je perçois un malaise. Ce dernier ne répond pas aux questions que je lui pose et reste évasif, laconique. Stevie s'adresse à lui en suisse allemand. J'imagine qu'il le questionne sur son étrange attitude. Je me tourne vers Ahmet :

« Que se passe-t-il ?

– Sonia, je suis désolée de te dire cela, mais je pense que tu es une espionne. »

Je reste sans voix. Entre la stupéfaction et l'envie de rire.

« Une espionne ? Tape mon nom sur Google, et tu verras, lui dis-je.

– Oui, je viens de regarder, et en effet, je vois que tu es agent de football. »

Je dois absolument comprendre comment une pensée aussi farfelue a pu lui traverser l'esprit.

« Pourquoi as-tu pensé ça de moi ? »

Embarrassé par ma question, il ne sait quel mot choisir pour se justifier.

« Ben… tu n'as pas trop le physique… tu es très jolie… » Puis il reprend plus explicitement : « Tu n'es pas sans savoir que les espionnes existent dans notre milieu, des belles filles qui parviennent à s'infiltrer et qui récoltent des infos. Voilà, comme on boit un coup, je me suis dit que… »

Que je ressemble à tout sauf à un agent. Un ovni, une espionne, la petite amie d'un joueur, la sœur… À quand l'escort girl ? Plus rien ne me surprend, ma carapace est assez solide pour ne pas me laisser déstabiliser par ces réflexions.

La réaction de Louis Nicollin, bien qu'inattendue, ne me blesse pas car je ne perçois chez lui ni mépris, ni condescendance à mon égard. Il va bientôt me le prouver. Lorsque nous passons à table pour déjeuner, il tient à me placer à sa droite. Il est très attentif lorsque je m'exprime, et je sens de sa part un intérêt non feint. Il connaît ma carrière sur le bout des doigts, j'imagine qu'il s'est renseigné.

Louis Nicollin possède un charisme incroyable. Il ne fait aucun doute qu'il est le boss. Je bois ses paroles, éblouie par son savoir et son expertise en matière de football. Une encyclopédie sportive. Profitant d'un moment de silence dans la conversation, je me tourne vers lui :

« Bravo pour tout ce que vous avez fait pour les femmes. Je sais que Jean-Michel Aulas s'est beaucoup inspiré de vous et il le reconnaît publiquement. »

La conversation s'engage naturellement sur le football féminin, puis, au détour d'une phrase, le président de Montpellier me regarde et me dit : « Vous ne voulez pas devenir ma conseillère ? »

Je ne prends pas sa proposition au sérieux parce qu'elle n'est pas sérieuse. Il s'agit juste d'une boutade, une façon pudique de me faire comprendre que j'ai toute ma place dans le monde du football…

Des hommes comme ceux que je viens d'évoquer précédemment ne courent pas les rues. Il y a ceux qui me méprisent, ceux qui ne voient en moi qu'un simple corps, à l'image de Noël Le Graët, et puis il y a ceux qui me prennent pour un corps mais qui ont compris que j'avais aussi un cerveau. Ceux-là ne se gênent pas pour piquer mes idées, les utiliser, tirer la couverture à eux puis parader comme si je n'avais jamais existé. Je veux parler de Claude Michy, l'ancien président du Clermont Foot, un maître en la matière.

Ce dernier s'était superbement illustré lors de l'arrivée d'Helena Costa puis de Corinne Diacre en me gommant purement et simplement du paysage, une fois le contrat signé. Il récidive de plus belle quelques années plus tard. Cette fois, il fait les choses en grand !

Nous sommes en 2017. Une information me parvient selon laquelle une société espagnole souhaite racheter un club en France. Je pense immédiatement à Claude Michy que je n'avais pas revu depuis la nomination de Corinne Diacre au Clermont Foot. Nous nous donnons rendez-vous dans un hôtel parisien.

« Je sais que le foot n'est pas votre truc, lui dis-je en guise d'introduction. Seriez-vous ouvert à l'idée de vendre votre club à un bon prix ?

– Pourquoi pas ? me répond-il. Qui vous rémunérera ?

– Vous. Et ce sera 10 %. »

Claude m'écoute tout en notant les informations sur son calepin.

« Je dois en parler à mes enfants et je reviens vers vous. »

Quelques jours plus tard, il me confirme son intérêt pour la vente de son club ; ses enfants, tout aussi peu passionnés par le football que lui, acceptent également de s'en séparer.

L'opération échoue mais je garde en tête notre conversation. Si l'occasion se représente, je le contacterai.

Fin 2017, Steevie, le garçon que j'avais rencontré au congrès FIFA, m'appelle pour m'annoncer qu'Ahmet

Schaefer – celui qui m'avait prise pour une espionne – souhaite vivement acheter un club français. « Il vient de se faire planter par le club de Troyes et il est désespéré, me dit Steevie. Il aimerait te parler. »

Le Clermont Foot me revient en mémoire. Je fais part à l'homme d'affaires suisse de cette possibilité et lui propose de venir nous voir à Paris afin de nous expliquer sa stratégie. Je le sens excité et pressé de nous rencontrer.

Ahmet arrive dans le bureau que je partage avec mes associés à Paris, accompagné de ses deux conseillers, Yannick Flavien et Jérôme Champagne. L'enthousiasme se lit sur son visage : « C'est formidable ! clame-t-il. Nous allons faire de grandes choses ensemble ! Je vais créer un groupe qui s'appellera Club Alliance auquel je vous intégrerai car je souhaite que vous m'aidiez dans un projet d'achat de plusieurs clubs après l'acquisition du club "mère", le Clermont Foot. Vous deviendrez également mes conseillers en recrutement. »

Je vis un rêve éveillé. Ce que nous propose Ahmet est très intéressant. De plus, nous parlons de la ville où je suis née, où j'ai grandi, où une grande partie de ma famille réside encore. J'ai toujours eu dans un coin de ma tête le désir d'aider ce club à progresser. Le voir évoluer un jour en Ligue 1 n'a jamais cessé d'être un objectif pour moi.

« Et si nous rachetons le Clermont Foot, poursuit-il en se tournant vers moi, cela te permettra de revenir sur tes terres, toi la petite fille qui a grandi à cinq cents mètres à vol d'oiseau de ce stade. Quelle revanche sur la vie ! »

Mes yeux s'embuent. Il vient de toucher à ce que j'ai de plus cher : ma ville, mon enfance, mon retour aux sources… J'essaye malgré tout de masquer mon émotion. Je dois rester professionnelle.

Les jours passent, les semaines défilent sans que le président du Clermont Foot ne se manifeste. Ahmet, brûlant d'impatience, nous harcèle de messages.

2 février 2018

Chers amis,

Je ne veux pas être trop insistant car je sais que vous attendez aussi une réponse de Claude Michy. Mais que suggérez-vous pour accélérer son feed-back ? […] Pourriez-vous l'appeler aujourd'hui et essayer d'obtenir une réponse ?

Claude Michy ne semble pas pressé. Ahmet s'obstine.

3 février 2018

Chère Sonia,

Nous ne voulons pas avoir l'air désespérés et insistants. Je suis convaincu que vous savez comment gérer M. Michy. Repose-toi et prends le week-end pour te détendre.

Sous la pression, je relance à plusieurs reprises le président du Clermont Foot, jusqu'au jour où ce dernier finit par se manifester et proposer une rencontre avec le potentiel acheteur.

Quelques jours avant le rendez-vous, Patrick et moi revoyons Claude Michy à Paris afin de revenir sur certains points relatifs à la vente. Je porte un pull à col roulé, un short, des collants noirs et des bottes. Alors que je lui demande une précision sur le club afin de pouvoir estimer plus finement le montant de la vente du Clermont Foot, ce dernier me coupe la parole et me dit : « Sonia, je suis désolé de vous dire ça mais je ne veux pas négocier avec vous directement. Je suis trop faible. »

« Je suis trop faible » ? Mais que sous-entend-il par ces mots ? Je lui demande de s'expliquer, et voici ce qu'il me répond :

« Avec ces jambes-là... ces collants qui vous vont si bien... je ne peux pas bosser avec vous. »

J'en ai ras la casquette de ces âneries ! Je dois donc comprendre qu'il est troublé et que, par conséquent, il se trouve dans l'incapacité de négocier avec moi. Cette déclaration me surprend à peine. J'avais déjà remarqué que je ne le laissais pas indifférent lors d'un déjeuner quelque temps avant. Son attitude, bien que respectueuse à mon égard, n'avait laissé aucun doute. Mais de là à m'exclure de toute discussion avec lui !

Je lui aurais volontiers mis mon poing dans la gueule, mais encore une fois, je prends sur moi et décide de ne pas rebondir sur ses propos. Je ne peux pas me permettre de faire capoter le projet. Je pige très vite que Patrick deviendra l'interlocuteur privilégié de Claude, alors que c'est moi qui ai trouvé le club et qui lui ai présenté son futur acheteur. Je suis mise de côté tout simplement parce que Monsieur est sensible à mon charme.

Ce jour marque un tournant dans mes relations avec Claude Michy. Il s'adresse essentiellement à Patrick, moi je deviens transparente.

La première rencontre entre les deux hommes a lieu dans nos bureaux à Paris quelques jours plus tard. Sont présents Ahmet et ses deux conseillers, Claude Michy, mes deux associés et moi. La discussion entre le vendeur et le futur acheteur est fluide. Nous nous mettons d'accord sur le prix, le montant de notre commission ainsi que sur le rôle de chacun. Tous les signaux sont au vert. Nous sommes sur le point de concrétiser une des plus belles opérations de notre carrière. Nous parlons de la vente de tout un club. J'ai du mal à réaliser.

Par la suite, les réunions s'enchaînent, nous participons à toutes les discussions, sommes au cœur de l'action, en copie de chaque mail. Au-delà de l'opportunité professionnelle que représente ce projet, et malgré l'attitude de Claude Michy vis-à-vis de moi, mon rêve de petite fille est en train de se réaliser. J'imagine déjà la fierté de mes parents lorsque je leur annoncerai la nouvelle ! Cependant, un détail me chiffonne, j'ai la sensation – tout comme mes associés – d'être progressivement écartée de la plupart des transactions. Les messages sur le groupe Whatsapp qu'Ahmet Schaefer avait créé sous le nom de « Club Alliance » se raréfient. Certaines informations que nous ignorons fuitent dans la presse, comme la reprise imminente du club par l'homme d'affaires suisse, par exemple. Je demande des explications. Tous nient nous avoir mis de côté, prétextant de malencontreux et regrettables oublis.

Fin février, nous apprenons par les médias qu'une conférence de presse annonçant officiellement la vente du club se déroulera quelques jours plus tard. Ni mes associés, ni moi n'avons été tenus au courant. Nous n'avons signé aucun mandat. Nous sommes les dindons de la farce.

Folle de rage, je suis sur le point de débarquer dans les locaux et tout casser s'ils ne nous signent pas les papiers.

Pour éviter tout scandale, Claude Michy et Ahmet Schaefer nous donnent rendez-vous le 4 mars 2019 au matin, jour de la conférence de presse prévue à 14 heures au stade Gabriel-Montpied du Clermont Foot.

J'anticipe les coups bas qu'ils sont susceptibles de nous faire, notamment la remise en cause du montant de notre commission. Je les vois venir avec leurs gros sabots. Je ressors alors les documents de la vente d'un club portugais que nous venions de réaliser et sur laquelle nous avions pris un pourcentage supérieur à 10 %.

Je me présente à la réunion, suivie de Patrick et Samy. Ahmet Schaefer est assis entre ses deux conseillers, mal à l'aise, les yeux rivés sur leurs chaussures. Face à lui, Claude Michy et son fils. L'atmosphère est très tendue. Ahmet prend la parole en tentant d'apaiser la situation jusqu'au moment où Claude lance cette phrase qui me fera sortir de mes gonds :

« La commission est beaucoup trop importante !

– Ça va pas, non ? dis-je, hors de moi. Depuis le premier jour de nos échanges à ce sujet, notre commission a toujours été fixée à 10 %. Vous avez accepté ce montant en présence de Patrick et ne l'avez jamais remis en cause en presque deux ans. Jamais ! Nous n'avons pas signé de mandat parce que nous avons eu la naïveté de vous faire confiance, et à quelques heures de la conférence de presse, alors que tout est déjà signé entre Ahmet et vous, vous refusez de tenir parole ? Vous nous mettez au pied du mur ! Sachez que ça ne se passera pas comme ça. Ce sera 10 %, point barre ! »

J'ai du mal à garder mon calme. Patrick tente, tant bien que mal, de tempérer la situation. Mon frère est aussi touché que moi.

Claude et Ahmet nous demandent alors un temps de réflexion, s'absentent quelques minutes puis reviennent dans la salle pour nous annoncer leur décision :

« OK pour 10 %, annonce Claude. Je donnerai 9 %, Ahmet, 1 % ... »

Quelle générosité, Monsieur Ahmet !

Je pousse un soupir de soulagement tout en fixant le futur président dans les yeux. Il n'est plus l'homme mielleux et porteur d'espoir que nous avions connu. Son objectif atteint, il montre son vrai visage ! Celui d'un beau parleur. Que de promesses non tenues ! me dis-je. Ahmet nous a tout simplement utilisés pour parvenir à ses fins et nous, nous sommes tombés dans le panneau. Il n'a jamais vraiment voulu d'une collaboration saine et fructueuse pour tous. En homme intelligent et manipulateur, il a compris qu'il avait touché chez moi une corde sensible avec le club de mon enfance. Il savait que je me démènerais pour l'aider à l'acheter en me faisant miroiter que nous le ferions grandir ensemble. Dans cette histoire, je n'ai été qu'un citron bien juteux qu'il a pressé jusqu'à la dernière goutte tout en sachant qu'il terminerait dans une poubelle.

Je n'ai pas le temps de reprendre mes esprits que Claude Michy m'assène le coup final :

« Dix pour cent à une condition : je vous demande de ne pas être présente à la conférence de presse et de ne pas communiquer sur cette vente pendant six mois. »

Ce énième coup bas me paralyse.

« Vous me détestez à ce point, Claude ? Que vous ai-je fait pour vouloir me punir ainsi ? Grâce à moi, vous avez été le premier président à placer une femme à la tête d'une équipe masculine, aujourd'hui, je vous présente celui qui va racheter votre club, et chaque fois vous me rayez de la photo. Expliquez-moi ! »

Un silence de plomb s'abat dans la salle mais Michy ne cède pas : « Si vous voulez les 10 %, ce sera comme ça et pas autrement. »

Un agent progresse dans sa carrière grâce à la qualité de son travail mais aussi grâce à sa communication. M'interdire de parler, c'est me priver d'avancer. Et Michy le sait pertinemment.

Le jour de la conférence de presse, une grande fête est organisée en présence de tous les notables de la région ainsi que les médias locaux et nationaux. L'événement est retransmis à la télévision, que Patrick, Samy et moi regardons au bar de l'hôtel Princesse Flore de Royat. Mes associés sont dépités, moi je pleure toutes les larmes de mon corps. Ce jour-là aurait dû être un des plus beaux de ma vie, la success-story d'une petite gamine, enfant d'immigrés dont la vie n'a pas toujours été facile et qui, à force de volonté et de détermination, a réalisé ses rêves. Au lieu de cela, je vis les pires heures de ma carrière, terrée dans mon coin comme une pauvre fille indésirable. Une paria.

Malgré sa cruauté, le président du Clermont Foot respectera le deal que nous avions convenu. Nous percevons les 10 % en deux temps. Le premier paiement quelques jours après l'officialisation de la vente, et le second, six mois plus tard au cas où l'envie me prendrait de m'exprimer durant ce laps de temps... Je suis ensuite obligée de me battre pour que Claude Michy me signe le mandat car il refuse que ma signature figure à côté de la sienne, préférant celle d'un des dirigeants de CSM, de façon à ne laisser aucune trace de mon passage dans cette histoire. Il souhaite que je disparaisse tout simplement parce qu'il n'a qu'une trouille : que je l'éclipse.

Je n'ai jamais communiqué sur la vente ni conseillé Ahmet Schaefer comme il l'avait promis. Pire, le jour où j'ai eu l'occasion de signer un joueur au club avec l'aide d'un agent étranger, le nouveau président m'a interdit l'accès en demandant à mon collègue de collaborer avec un autre agent FFF.

J'ai compris, ce jour-là, que les portes du Clermont Foot me seraient fermées.

Je ne suis jamais allée assister à un match depuis l'entrée du club en Ligue 1. Je n'ai pas fait partie de la fête. J'ai suivi tout cela de loin.

Cette montée historique dans l'élite a rendu fiers tous les Auvergnats. Plus besoin d'aller jusqu'à Saint-Étienne, Lyon, Montpellier ou Bordeaux. À présent, ils peuvent voir leurs équipes préférées à domicile.

Malgré toutes ces déconvenues, je suis heureuse d'avoir pu contribuer à faire briller ma ville.

Quelques mois après, l'Agence France Presse décide de publier un portrait de moi. Le journaliste contacte différentes personnes, dont Claude Michy qui déclare – comme si cela ne suffisait pas : « Le travail de l'agent n'a pas existé à part la mise en relation. Sonia Souid a beaucoup de charme, mais c'est une femme. Elles veulent montrer qu'elles savent faire. »

Trop, c'est trop ! Je porte plainte contre lui pour diffamation mais en raison d'un vice de procédure, ce dernier n'est pas condamné.

Je n'ai jamais eu l'occasion de lui répondre, alors je profite de ce livre pour enfin lui dire ce que je porte sur le cœur depuis si longtemps.

Monsieur,

La mise en relation est l'essence même de mon métier. Réussir à trouver le bon acheteur représente des années d'expérience, de travail acharné ainsi qu'un important réseau. Mon rôle a non seulement existé mais il a été central, ne vous en déplaise. Vous n'aviez pas le droit de me réduire au silence.

Oui, Monsieur Michy, je suis une femme et fière de l'être. Je ne tiens pas à montrer ce que je sais faire, mais une chose est sûre, ce que je fais, je le fais bien. Je vous ai présenté seulement deux personnes, et vous avez vendu votre club au prix souhaité. Grâce à l'arrivée d'Ahmet Schaefer, le Clermont Foot a accédé pour la première fois de son histoire en Ligue 1. Peu m'importe que vous m'ayez éclipsée comme vous l'avez fait même si, je l'avoue, j'ai eu mal, très mal, mais l'essentiel pour moi est d'avoir rendu à la ville où je suis née tout ce qu'elle m'avait donné. Mais ce n'est pas tout, j'ai vu la fierté dans les yeux de mes parents, eux qui se sont tant sacrifiés pour nous ! Le stade du Clermont Foot était situé près de notre habitation, mais si loin de nos vies modestes ! Jamais je n'aurais imaginé réussir un tel exploit. Je suis allée au-delà de mes rêves et de mes espérances en vendant ce club.

Quant à vous, vous avez été incapable de gérer vos émotions face à une femme qui vous troublait, en l'occurrence moi. En proie à votre sexisme chevillé au corps, vous n'avez pas supporté d'avoir été conseillé et guidé par une femme… toujours moi. Dans cette histoire, vous avez agi en petit monsieur, mais moi, je n'ai fait que grandir…

Il existe une autre méthode – imparable – pour dénigrer une femme : l'accuser de coucher avec des hommes, si possible mariés. Un véritable fléau. Nous sommes nombreuses à en avoir fait les frais, notamment l'une de mes anciennes joueuses, Kheira Hamraoui. Tabassée à coups de barre de fer, elle a suscité l'empathie de tous jusqu'au jour où sa vie privée a été jetée en pâture. Sur une simple information selon laquelle la puce de son téléphone était au nom d'Éric Abidal, un ancien footballeur qui travaillait au FC Barcelone au même moment qu'elle, marié et père de cinq enfants, le raccourci a été vite fait : elle était la maîtresse de cet homme. À partir de ce moment-là, ma joueuse est passée du statut de victime à celui de coupable. Sa réputation a été salie en un claquement de doigts. Elle est devenue la femme à abattre et, je cite, « la pute, la salope qui se tape des hommes mariés ». Lorsque l'épouse de cet homme en a rajouté une couche dans les médias puis a demandé le divorce, Kheira est aussi devenue une briseuse de ménage alors qu'aucune preuve n'était venue corroborer cette rumeur d'adultère. L'enfer a alors commencé pour elle. La compassion à l'égard de ce qui lui était arrivé s'est brutalement transformée en une animosité violente. Elle méritait les coups et pire, « les agresseurs auraient dû la frapper plus durement », écrivaient les internautes. Ce déferlement de haine doublé d'un acharnement médiatique s'est propagé sur les réseaux sociaux, passant des insultes au délit de sale gueule en comparant le physique de ma cliente avec celui de l'épouse. Victime de cyberharcèlement, Kheira fut obligée de quitter son appartement pour se réfugier dans un endroit secret. Dès lors qu'elle était soupçonnée d'entretenir une liaison avec un homme marié, son agression était oubliée.

Imaginons un instant que cette rumeur ait été confirmée, aurait-elle mérité d'être clouée au pilori ? Kheira est une femme indépendante et son corps lui appartient. Libre à elle d'en faire ce qu'elle veut. Elle comme nous toutes, d'ailleurs !

Pourquoi un homme qui multiplie les conquêtes est-il considéré comme un séducteur, un Dom Juan, un homme viril alors qu'une femme qui adopte des comportements similaires est fréquemment dévalorisée et qualifiée de « fille légère », voire de « salope » ?

Les femmes devraient avoir le droit de disposer de leur sexualité comme elles l'entendent sans craindre d'être jugées.

Que devient Kheira aujourd'hui ? Cette histoire l'a cassée et a mis sa carrière entre parenthèses durant quelques mois. Elle a fini par retrouver un club. Si elle n'avait pas fait preuve d'une force de caractère surhumaine, je ne sais pas où elle se trouverait aujourd'hui tant cet acharnement a été d'une violence inouïe.

Son histoire fait inévitablement écho à la mienne et à celle de nombreuses femmes. Combien de fois m'a-t-on prêté des liaisons pour justifier ma réussite professionnelle ou tout simplement pour salir mon honneur ? La dernière rumeur date de la Coupe du monde 2023 au Qatar durant laquelle j'aurais fait monter, un certain soir, Raymond Domenech dans ma chambre d'hôtel. Sans chercher à me justifier, j'aimerais juste apporter une précision : la seule personne qui passe ses nuits avec moi à ce moment-là est ma fille de 4 mois que j'allaite. Sexy, non ? D'autre part, je n'ai jamais mis un pied au Qatar lors de cette compétition...

En fait, pour salir la réputation d'une femme et la discréditer aux yeux du monde, il suffit de lui prêter des relations avec plusieurs partenaires. C'est aussi simple que ça.

Au lieu de me morfondre, je préfère me battre.

Nous nous sommes tues durant trop longtemps. Le poids du silence a étouffé nos voix. Des comportements inacceptables ont été tolérés, voire normalisés. Il est temps que cela change !

Je me bats pour la cause des femmes, non par haine envers l'autre sexe, mais par souci de justice et d'égalité. Ce combat n'est pas seulement le mien, il est celui de toutes celles qui, un jour, ont ressenti l'humiliation ou la douleur d'être réduites à des rôles subalternes.

Dénoncer ce qui ne nous convient pas n'est pas un acte de rébellion inutile, mais une exigence de dignité tout simplement. Le silence n'est plus une option.

Chapitre 8

UN TRÈS MAUVAIS TACLE

Dans quelques mois aura lieu la Coupe du monde féminine 2023. Dès l'instant où je prends connaissance des dates, j'appelle ma maman fraîchement retraitée : « Prépare-toi ! Cet été, nous partons en Australie avec les enfants ! » David nous rejoindra un peu plus tard. Depuis toute petite, je rêve de découvrir ce pays. Alors avoir l'opportunité d'y aller en famille pour travailler me remplit de joie.

Ce voyage s'annonce festif et intéressant professionnellement. Je suis loin de me douter qu'il sera gâché par l'intervention d'un homme – puissant lui aussi – qui me fera subir l'une des pires humiliations de ma carrière.

Trois des six internationales que je représente font partie de la liste du sélectionneur Hervé Renard : Estelle Cascarino, Viviane Asseyi et Elisa De Almeida.

Amandine Henry, qui n'avait plus été appelée en équipe de France durant plus de deux ans, se faisait une joie de retrouver ses coéquipières grâce à la nomination du nouvel entraîneur de l'équipe de France féminine trois mois avant le début de la Coupe du monde. Hélas, une blessure au mollet l'a contrainte à déclarer forfait. L'attaquante

Delphine Cascarino, l'une des meilleures attaquantes au monde, blessée au genou droit deux mois avant, a dû, elle aussi, renoncer au Mondial. Un double coup dur pour nos Bleues qui sortent d'une période difficile mais qui, je n'en doute pas, parviendront à se hisser très haut dans cette compétition.

Je commence à réfléchir à l'organisation que je vais devoir mettre en place car se déplacer à l'autre bout du monde avec deux enfants en bas âge n'est pas une mince affaire. Tout en imaginant les lieux dans lesquels nous allons nous rendre, mes pensées s'échappent pour retourner de longues années en arrière... Que de chemin parcouru !

En 2010, le football féminin n'en est encore qu'à ses prémices. Les clubs, y compris le PSG ou l'Olympique Lyonnais, restent très amateurs. La quasi-totalité des joueuses ne peuvent pas vivre de leurs passions et sont obligées de travailler parallèlement. Une petite poignée est faiblement rémunérée, les autres ne perçoivent que des primes de match en cas de victoire. Dans le meilleur des cas, leur carburant est remboursé. Les installations sont vétustes, sans parler des terrains à peine entretenus. Les matchs ne sont pas retransmis à la télévision, les filles n'intéressent ni le public ni les médias ni même les grandes instances qui les maintiennent sous un statut fédéral donc amateur. Ce n'est qu'en 2023 que Jean-Michel Aulas proposera de créer la ligue professionnelle pour les femmes.

À l'époque, personne ne s'intéresse à ce dossier car il ne rapporte pas un centime. Pire, il fait perdre de l'argent. Et pourtant... dès l'obtention de ma licence, le désir de faire avancer la cause des femmes dans le football entre dans mes priorités. Je sens ce combat couler dans mes veines. Cependant, je consacre les premières années de ma carrière au football masculin afin de me lancer et gagner ma vie. Ce n'est que trois ans plus tard, une fois solidement installée dans mon métier, que je peux enfin me concentrer sur ce projet qui me tient tant à cœur. Cette tâche, je la considère davantage comme une activité bénévole. Un acte de solidarité avec les femmes qui, comme moi, peinent à évoluer dans un monde masculin, une forme de féminisme aussi qui ne consiste pas à voir les hommes comme des adversaires, mais plutôt comme des alliés dans la lutte pour l'égalité dans le football. Des hommes de pouvoir dans ce milieu, ce n'est pas ce qui manque. Je dois les sensibiliser à ma cause car eux seuls auront la possibilité de faire bouger les lignes. Je crée, dans un premier temps, l'association de promotion du football féminin « Ballon Aiguille » puis « Femmes et Sport », visant à mettre en avant la place des femmes dans le milieu du sport.

On me rabâche encore et encore que je perds mon temps. Il est certain qu'en 2013, l'état des lieux est toujours aussi affligeant, je sens pourtant que la marge de progression est énorme. L'intuition qu'un jour le football féminin prendra une place importante ne me quitte pas. À ce moment-là, je suis le seul agent sportif FFF tous sexes confondus en France à y croire vraiment. Peu m'importe, je vais donner de ma personne et de mon temps pour aider ces femmes qui, comme moi, se battent pour vivre de leur passion. Mais par où commencer ? Dois-je contacter des joueuses pour les représenter ? Tenter d'optimiser leur carrière et négocier au mieux leurs conditions de travail ?

Un an auparavant, en avril 2012, je me risque à aborder le sujet avec mes associés. Les convaincre de me suivre dans cette entreprise ne va pas être chose facile. J'appréhende leur réaction. Ils font cependant preuve d'ouverture d'esprit, d'intelligence, et acceptent de se laisser embarquer à un match de Coupe de France féminine entre le PSG et Gravelines, une équipe de D2. Le stade est quasi vide, à peine deux cents personnes ont fait le déplacement, le niveau de jeu est consternant, l'ambiance n'est pas mieux. « Avec un short et des crampons, n'importe qui jouerait mieux qu'elles ! » crie un supporter assis près de nous. Il est évident que nous sommes face à un manque de professionnalisme, mais leurs remarques sont cruelles. Face à ce spectacle, Patrick est atterré, je le suis aussi sans pour autant me résoudre à abandonner le projet.

« Je pense qu'on n'a pas eu de chance sur ce coup... Le choix du match n'a pas aidé. Ne nous laissons pas décourager. »

En discutant avec Patrick, j'apprends qu'il connaît bien le petit ami de Laure Boulleau, l'une des grandes figures du foot féminin de cette époque. Je lui demande alors d'organiser un rendez-vous avec cette joueuse. Peu de temps après, cette dernière m'invite à une « pizza party » à son domicile, situé dans la banlieue ouest de Paris. Plusieurs de ses coéquipières du PSG sont présentes, dont Jessica Houara et Sabrina Delannoy. Je profite de cette soirée pour discuter avec les joueuses afin de bien comprendre ce qu'elles vivent et d'évaluer leurs besoins. Je découvre avec stupéfaction que l'une d'entre elles est payée 500 euros brut par mois par son club. Toutes sont obligées de trouver un emploi pour vivre, comme Jessica Houara, par exemple, qui est secrétaire médicale. Laure Boulleau a, quant à elle, entrepris des études de kiné. Je les sens curieuses d'en savoir davantage sur le métier d'agent. « Que fais-tu exactement ? » me demande l'une. « Comment pourrais-tu nous aider ? » Tout en leur détaillant mes activités, je réalise qu'elles n'ont pas vraiment besoin de moi. Pourquoi s'encombreraient-elles d'un agent alors qu'il n'y a rien à négocier ?

J'ai malgré tout le sentiment que nous sommes à l'aube d'une grande aventure et demande à mon frère et à Patrick de me faire confiance.

L'avenir me donnera raison. Probablement parce que je suis jeune, parce que je suis médiatisée mais aussi parce que je suis une femme, les joueuses commencent à s'intéresser à moi.

La première, Marina Makanza, une Française de 22 ans qui évolue au SC Fribourg en Allemagne, fait appel à moi en m'envoyant un message sur Facebook car elle souhaite changer de club et revenir en France. Je ne prête pas vraiment attention à son message sur le moment puis, quelques mois plus tard, retombe dessus. Après m'être renseignée, j'apprends qu'elle est une bonne joueuse, l'une des rares Françaises à jouer à l'étranger. Je la récupère et lui trouve son nouveau point de chute à Montpellier, l'un des meilleurs clubs du moment. Il s'agit de ma première commission dans le football féminin. Le club me verse 10 % du salaire annuel brut de ma joueuse. Une sacrée avancée. Mais à cette époque-là, les clubs refusent de débourser le moindre euro pour racheter une joueuse. Ce luxe n'est réservé qu'aux hommes. Encore aujourd'hui, les transferts payants dans le football féminin sont extrêmement rares. Un jour, pourtant, l'occasion se présente à moi grâce à l'une de mes relations, Fabrice Garcia, qui me conseille de contacter Marie-Laure Delie, deuxième meilleure buteuse de l'histoire de l'équipe de France, très connue dans le monde du foot féminin. Elle souhaite quitter Montpellier alors qu'il lui reste encore un an de contrat. Je suis au courant que le PSG est à la recherche d'un profil comme le sien. Je vais tenter ma chance, me dis-je. Le club parisien semble intéressé mais, comme prévu, bloque sur le transfert payant :

« Ça ne se fait pas, m'annonce Philippe Boindrieux, directeur administratif et financier du PSG. On ne peut pas déréguler le marché. »

Je déroule mes arguments car j'avais anticipé cette réponse.

« Au contraire, vous montrerez que les choses évoluent. Vous serez les premiers. De plus, on ne parle pas de sommes astronomiques, mais de 60 000 euros, ce qui ne représente pas grand-chose dans le foot professionnel, en comparaison avec ce que vous êtes capable de payer pour les hommes ! »

Les résistances sont difficiles à abattre, mais à la suite de nombreuses discussions et l'ajout dans le pot du montant de ce qu'aurait dû être ma commission, je parviens à convaincre le PSG de racheter la dernière année de contrat de Marie-Laure Delie. Le 1er juillet 2013, j'entre par la grande porte en réalisant le premier transfert payant de l'histoire du football féminin entre deux clubs français. L'information circule dans le milieu parmi les joueuses et les coachs, jusqu'au jour où je reçois un appel de Patrice Lair.

Entraîneur à ses débuts au Stade de Reims et d'un club masculin béninois, puis de l'équipe nationale du Rwanda, il possède une première expérience dans le football féminin avec l'équipe de Montpellier qu'il emmène en demi-finales de la Coupe de l'UEFA 2005-2006. Mais c'est à l'Olympique Lyonnais qu'il atteint l'apogée de sa carrière en remportant avec les filles deux Ligues des champions – dont la première de l'histoire du club –, quatre titres de champion de France, trois Coupes de France et la Coupe du monde des clubs. Sans oublier les nombreuses Coupes de France gagnées avec Montpellier et le PSG. Patrice possède le meilleur CV du foot féminin français. En discutant avec lui, je comprends qu'il souhaiterait entraîner à nouveau les hommes. À sa demande, j'accepte de le représenter en lui conseillant vivement de passer le DEPF, aujourd'hui renommé BEPF. Ce fameux sésame qui permet d'entraîner des équipes professionnelles.

« La Fédération française ne m'a pas autorisé à le passer il y a quelques années, m'avoue-t-il.

– Ne t'inquiète pas, Patrice, avec ton expérience et les titres que tu as remportés, ça ne devrait pas poser de problème, ils devraient même te dérouler le tapis rouge », lui dis-je avec assurance.

Je contacte aussitôt Noël Le Graët qui me renvoie vers François Blaquart, le directeur technique national (DTN). Je suis convaincue que Patrice Lair obtiendra le droit à cette formation pour passer ce diplôme, le graal suprême. Dans mon esprit il est impossible qu'on lui refuse alors qu'il est l'entraîneur français le plus titré du football féminin. Quelle n'est pas ma surprise de m'entendre dire, je cite, qu'il « n'a pas le niveau suffisant pour entraîner au plus haut niveau ». Parce que mon client s'est fait majoritairement un CV grâce au foot féminin, il n'est pas à la hauteur ? Je refuse de laisser passer une telle injustice et fonce tel un taureau dans l'arène. J'inonde de mails le président de la Fédération française de football et le DTN jusqu'à ce qu'ils cèdent :

> *Bonjour Monsieur Le Graët,*
>
> *J'espère que vous allez bien. Lors de notre dernier entretien nous avons eu plaisir à échanger sur la personne la plus expérimentée et reconnue grâce à ses nombreux titres remportés dans le football féminin français, Patrice Lair […]. En effet lors de notre échange, je vous ai fait part de mon incompréhension et de ma terrible frustration du fait que Patrice Lair a été privé du droit à la formation afin d'obtenir le DEPF qu'il mérite amplement si l'on se réfère à son CV plus qu'étoffé en tant qu'entraîneur de football […] Comme vous pouvez l'imaginer, je ne supporte pas l'injustice que mon client subit […] Comment a-t-on pu refuser l'accès au DEPF à un entraîneur qui détient un tel palmarès ? […] Où est la logique ? À moins que des titres remportés dans le football féminin ne représentent rien aux yeux de ces personnes chargées de la formation au DEPF et donc aux yeux de notre Fédération ?*

Je réalise à ce moment-là l'indifférence, pour ne pas dire le mépris, que porte la plus haute instance du football français au foot féminin. Je ne lâche rien et continue de harceler ces messieurs en leur demandant « d'arrêter leur hypocrisie ». Dos au mur, ils n'ont pas d'autre choix que d'accéder à ma demande. Patrice Lair obtient finalement son DEPF et, grâce à ce diplôme, entraînera par la suite les équipes masculines de Niort, de Guingamp et de Châteauroux. C'est aussi cela, mon rôle d'agent : me battre bec et ongles pour défendre les intérêts de mes clients.

Chaque combat remporté contribue à faire avancer la cause des femmes à laquelle j'attache tant d'importance. Petit à petit, je trace mon sillon en récupérant de nombreuses joueuses avec lesquelles j'entretiens aujourd'hui de solides relations professionnelles, parfois amicales, comme avec Amandine Henry, l'une des meilleures milieux de terrain du monde. Lorsqu'elle me contacte, je ne connais pas grand-chose au football féminin. Son nom m'est inconnu alors qu'elle est l'une des pièces maîtresses de l'Olympique Lyonnais. D'une petite voix hésitante, elle me demande si j'accepterais de la représenter. J'ose avouer aujourd'hui que les quelques minutes passées avec elle au téléphone ne me donnent pas envie de poursuivre la conversation. Je la sens gênée, presque craintive. Je comprendrai plus tard qu'Amandine n'est ni timide, ni timorée mais d'une incroyable humilité. Malgré sa carrière et sa réputation, elle n'a jamais changé.

« Voici mon adresse mail, envoyez-moi votre CV et je vous tiens au courant », lui dis-je sans grande conviction.

Quelques jours plus tard, lors d'un point téléphonique avec mes deux associés, je leur relate brièvement ma discussion avec Amandine. Un étrange silence s'installe jusqu'au moment où Samy me demande : « Où te trouves-tu ? »

La question de mon frère me paraît étrange et peu appropriée avec ce que je viens de raconter.

« À Paris, pourquoi ?

– Saute dans le premier train et va la signer ! C'est elle dont je t'ai parlé ! »

En effet, dans le cadre de ses études de management sportif, mon frère a fait un stage d'un mois à l'Olympique Lyonnais. Durant son temps libre, il aimait assister aux entraînements. Un jour, alors qu'il observait l'équipe féminine sur le terrain, il m'appela pour m'annoncer qu'il avait repéré « un phénomène ».

« Cette joueuse est monstrueuse, elle est trop forte ! C'est une pépite ! Crois-moi, Sonia, elle pourrait jouer avec des mecs ! »

C'était Amandine Henry. À ce moment-là, je n'avais pas prêté attention aux propos de Samy.

Cette fois, je ne perds pas une minute et m'empresse de rappeler la joueuse pour fixer un rendez-vous à Lyon le plus rapidement possible. Nous signerons peu de temps après.

Je la représente depuis maintenant onze ans. Nous avons instauré, au fil du temps, une relation de confiance qui dépasse aujourd'hui les liens professionnels. Elle est devenue une amie, mais pas seulement… une petite sœur que je me dois de protéger alors que nous avons à peine quatre ans d'écart. Elle est si humaine ! Toujours le geste qui fait plaisir ! Je me souviens avoir reçu de sa part une boîte des fameux Malabars saveur barbe-à-papa. Elle les avait fait livrer à la maison pour me remercier. Voici le genre d'attentions qui me vont droit au cœur et me donnent la force de me battre pour cette belle et noble cause qu'est l'égalité hommes-femmes.

C'est pour cette raison que le 5 juin 2017, je n'hésite pas à envoyer un mail à Noël Le Graët pour m'assurer du bien-être de ma joueuse. Cette dernière doit disputer un match de championnat américain de NWSL avec son club du Portland Thorns avant de rejoindre l'équipe de France deux jours plus tard pour la préparation de l'Euro 2017. Entre la durée de vol supérieure à dix heures et le lourd décalage horaire, je sais qu'Amandine – ou toute personne dans ce cas – aura du mal à récupérer. Elle doit impérativement être placée en classe business.

La perspective de faire appel au président de la FFF ne m'enthousiasme pas, compte tenu de la situation. Chaque demande que je lui adresse est toujours l'occasion pour lui de déraper sur une conversation privée ou une invitation à dîner. Je jongle constamment entre la peur de le froisser en refusant ses avances et la nécessité de maintenir une relation professionnelle. Ce numéro d'équilibriste m'épuise, mais je ne peux pas faire autrement. Aujourd'hui, je dois le solliciter pour m'assurer que ma joueuse voyagera dans les meilleures conditions. Je lui écris pour lui expliquer la situation puis termine par cette phrase : « Pour les raisons évoquées ci-dessus, serait-ce possible s'il vous plaît de réserver un billet d'avion en classe affaires à Amandine Henry ? »

Après plusieurs relances, je reçois le 15 juin 2017 une réponse lunaire de la part du président de la FFF :

Bonjour, suite à votre e-mail, nous confirmons que la Fédération française de football participera à hauteur de la moitié du prix du billet business. Bien à vous. Noël Le Graët.

La moitié du billet ? Je rêve ! Non mais comment peut-on être autant à côté de la plaque ? Quel irrespect !

Je m'empare de mon ordinateur et tape frénétiquement sur les touches :

J'avoue ne pas bien comprendre votre raisonnement. Qui devra alors régler la seconde moitié du billet business pour qu'Amandine Henry puisse rejoindre ses coéquipières à l'autre bout du monde afin de préparer l'Euro 2017 ? La joueuse elle-même ?
Une question me taraude à laquelle j'aimerais bien, si possible, obtenir une réponse de votre part. Quand André-Pierre Gignac se déplaçait du Mexique pour les rassemblements de l'équipe de France, voyageait-il en business ou en éco ? Et s'il voyageait en business, payait-il lui-même ses billets d'avion ou la moitié ? Si c'est le cas alors au temps pour moi. Mais personnellement je trouve votre réponse choquante.

Suite à cela, la FFF ne m'a jamais répondu mais a concédé le billet business à Amandine Henry.

Ces onze années de combats aux côtés de cette joueuse nous ont rapprochées. Rien n'a jamais été simple. Il a toujours fallu se battre, travailler plus afin d'atteindre nos objectifs. C'est l'une des raisons pour lesquelles, au-delà de la déception, j'ai ressenti une immense tristesse à l'annonce de sa non-participation à la Coupe du monde 2023 en Australie et en Nouvelle Zélande.

Les années qui suivent, je signe, entre autres, Sandrine Brétigny, serial buteuse à Lyon, Laëtitia Tonazzi, grande internationale, attaquante elle aussi à l'Olympique Lyonnais,

Elisa De Almeida, défenseure centrale au PSG, Viviane Asseyi attaquante au Bayern Munich et West Ham United, les jumelles Delphine et Estelle Cascarino, les entraîneurs, Patrice Lair, Gérard Prêcheur et son fils Jocelyn, sans oublier Jessica Houara qui décide de me quitter après deux ans de collaboration car, je cite, elle ne souhaitait pas avoir « un agent plus médiatisé qu'elle ». Cette réflexion m'a donné à réfléchir car je ne l'ai jamais comprise. Certes, agent est un métier de l'ombre. Un métier ingrat qui pâtit, il faut bien le dire, d'une image pourrie. Pour le commun des mortels, un agent n'est là que pour se remplir les poches et magouiller. Une sorte de Gripsou maléfique prêt à tout pour s'enrichir. On s'intéresse généralement à nous seulement lorsque les événements ne se déroulent pas bien. Notre rôle est pourtant central lors de chaque signature, mais curieusement, une fois le deal conclu, nous n'existons plus. Un agent médiatisé et surtout reconnu dans le milieu sera toujours plus crédible et légitime qu'un inconnu auprès des dirigeants et des sportifs. Il aura donc plus de chance de performer dans son travail.

Je n'en tiens cependant pas rigueur à Jessica, bien au contraire. J'ai beaucoup appris grâce à cet échec. Jessica est, depuis, devenue une femme très inspirante, consultante TV reconnue. Elle a négocié à la perfection ce virage tant redouté par les athlètes, celui de la reconversion professionnelle. Qui plus est, tout en devenant maman.

Je n'oublie pas Kheira Hamraoui – citée précédemment –, ma cliente pendant six ans. Sans revenir sur les faits de l'agression qu'elle a subie, j'aimerais évoquer cette histoire dans laquelle je me suis retrouvée malgré moi prise entre le marteau et l'enclume, puisque je représentais la victime et la coupable présumée. Cette histoire, digne des séries les plus folles, m'a donné l'impression de plonger durant plusieurs mois dans les ténèbres. Seule la présence de mes enfants, leurs énergies pures et positives me permettaient de me maintenir à flot.

En 2021, le Paris Saint-Germain s'intéresse à Kheira Hamraoui, championne d'Europe en titre avec Barcelone ainsi qu'à Aminata Diallo qui, à l'inverse, sort de deux saisons difficiles. Prêtée au club d'Utah, aux États-Unis, en plein Covid puis transférée à l'Atlético Madrid où elle s'est blessée très peu de temps après son arrivée, elle n'a quasiment pas joué pendant un an et demi. Je me retrouve dans une situation embarrassante car l'une est la priorité du club alors que l'autre, non. Pour la première fois, je découvre une facette d'Aminata que j'ignorais. Elle, si bienveillante, compare souvent sa situation à celle de sa coéquipière :

« Pourquoi le PSG veut faire signer Kheira avant moi ? » me demande-t-elle.

Je ne comprends pas. Son attitude ne colle pas avec ce que je connais d'elle. Polie, extrêmement bien élevée, attentionnée à l'égard de tout le monde, ce sursaut d'ego me surprend car, pour moi, Aminata est parfaite. Un ange tombé du ciel. Je mets son comportement sur le compte de l'inquiétude et fais en sorte de trouver les mots pour la rassurer. L'idée d'une éventuelle rivalité entre les filles ne m'effleure pas l'esprit d'autant plus que les deux joueuses sont amies. Elles sont parties en vacances ensemble à Zanzibar avec un groupe de copines. Musulmanes pratiquantes, elles sont cependant très différentes. Kheira est une jeune femme de son temps, moderne, fashion victime à ses heures. Petite dernière d'une fratrie de cinq enfants – dont quatre frères –, elle a toujours été chouchoutée et admirée par ses proches alors qu'Aminata n'a pas une vie facile. Malgré son jeune âge, elle est le chef de famille et doit subvenir aux besoins des siens. La pression et les responsabilités qui pèsent sur ses épaules ne lui donnent pas droit à l'erreur. Elle est condamnée à réussir. Je la respecte et l'admire pour ça.

Le 15 juillet 2021, les deux joueuses signent leur contrat au Paris Saint-Germain dans la joie et la bonne humeur. Je suis heureuse et très fière car je sais qu'elles ont toutes les qualités pour réussir au PSG.

Les premiers mois se déroulent sans l'ombre d'un problème, jusqu'au jour où Kheira insiste pour me parler alors que je me trouve en famille à Euro Disney. Je décale les oreilles de Minnie sur ma tête et décroche.

« Sonia, me dit-elle en larmes, on me veut du mal. Quelqu'un se fait passer pour mon ex-copain de Barcelone. Il appelle toutes les filles de l'équipe pour salir ma réputation. Il faut absolument contacter Ulrich Ramé, j'ai peur ! Je n'ai jamais eu de copain à Barcelone. Qui est ce mec ? Pourquoi me fait-on ça ?

– Encore un déséquilibré ! Ne t'inquiète pas, lui dis-je, décontenancée. Tu es dans un grand club et cela suscite forcément des jalousies.

– Non, insiste-t-elle, je ne comprends pas comment il a réussi à obtenir mon numéro et celui de mes coéquipières ! »

Kheira semble paniquée. Je crains pour sa sécurité, et appelle immédiatement Ulrich Ramé, le directeur sportif du PSG, qui me dit prendre cette affaire très au sérieux. Entre-temps, je dîne avec Aminata qui a profité de mon passage à Paris pour venir me rendre visite. Toujours très douce, elle propose de prendre mon fils sur ses genoux pendant le repas pour que je puisse manger tranquillement. Après avoir pris des nouvelles de nos familles respectives, nous évoquons sa situation à Paris. Je ne manque pas de la féliciter sincèrement :

« Je suis si fière de toi ! On a réussi à convaincre le PSG de nous faire confiance, et là, nous sommes en train de leur prouver qu'ils ont eu raison car non seulement tu as fait un super début de saison mais en plus tu es appelée en équipe de France ! Tu as vu comme tout peut aller très vite dans le football, dans un sens comme dans l'autre. De plus, le club aimerait renouveler ton contrat pour deux saisons ; peux-tu me faire part de tes prétentions salariales ?

– J'ai déjà beaucoup réfléchi à tout ça, je t'enverrai toutes les informations par message. Je connais les salaires au PSG, je souhaite obtenir l'un des meilleurs contrats du club. »

Sa demande est disproportionnée et surtout bien prématurée pour se permettre de telles exigences ! Jamais le club n'acceptera un tel deal. Puis, allez savoir pourquoi, la conversation dérape sur Kheira :

« Elle nous met en danger, me dit Aminata. Son ex-copain nous a dit des choses terribles sur elle. Elle critique tout le monde. Tu sais, je pense que ce n'est pas une fille bien. Et puis, c'est qui cet ex-petit copain ? »

Il n'est pas dans les habitudes d'Aminata de me parler ainsi. J'ai un pincement au cœur car je sais que Kheira a une réelle compassion pour sa coéquipière. Elle ne cesse d'ailleurs de me solliciter pour aider Aminata à trouver un équipementier afin qu'elle puisse mieux gagner sa vie.

J'interprète ses paroles comme celles d'une jeune femme très pieuse qui n'apprécie pas d'être importunée par un homme qu'elle ne connaît pas.

Ma position est loin d'être évidente mais, comme avec chacun de mes clients, je cloisonne et, quelle que soit la situation, ne divulgue jamais les propos qui me sont rapportés.

Quatre jours plus tard, le 4 novembre 2021, Kheira Hamraoui se fait agresser alors qu'elle se trouve dans la même voiture qu'Aminata Diallo.

« Ils m'ont tabassé à coups de barre de fer et ils ont visé mes jambes », me dit-elle en sanglots.

L'horreur absolue ! Je suis pétrifiée. Jamais dans ma carrière je n'avais été confrontée à une telle tragédie.

« Et Aminata ?

– Tout va bien. Ils l'ont empêchée de sortir du véhicule mais ils ne l'ont pas touchée. »

À ce moment-là, je n'ai aucun problème à gérer les deux joueuses car, pour moi, il ne fait pas l'ombre d'un doute qu'elles sont victimes toutes les deux. L'une a eu la chance d'être épargnée malgré le choc psychologique d'avoir assisté à l'agression de son amie, l'autre a vécu l'enfer.

Lorsque je m'enquiers de la santé mentale d'Aminata, cette dernière me rassure en m'affirmant que tout va bien :

« Je viens d'un quartier difficile, comme tu le sais, et j'en ai vu d'autres. Occupe-toi plutôt de Kheira, moi, je gère. »

Quelques jours plus tard, Aminata est interpellée par la police. Sa garde à vue s'éternise. Je m'interroge sans toutefois envisager une éventuelle implication dans cette agression. Je l'imagine seule et démunie face aux policiers. Je m'inquiète de son silence. Ce n'est que tard dans la nuit que je parviens à la joindre :

« Ma pauvre ! lui dis-je. Pourquoi tout ça ? Pourquoi cet acharnement contre toi ?

– C'est injuste ! me dit-elle hors d'elle. Tout cela est de la faute de Kheira qui n'a pas hésité à me balancer aux flics pour protéger sa vie privée ! »

Je l'écoute tout en me refusant à porter un jugement. Il n'empêche que cette situation commence à devenir de plus en plus pesante pour moi car, au fil du temps, l'animosité entre les deux filles grandit. Me sachant dans une position délicate, Kheira a l'élégance de ne jamais porter à mes oreilles la moindre accusation contre sa coéquipière.

Ce n'est qu'en mars 2022, lorsque je suis convoquée à la PJ de Versailles que j'ouvre enfin les yeux. À travers les questions que me pose le brigadier, je comprends qu'Aminata semble directement impliquée dans l'agression.

Avez-vous constaté un changement de comportement de votre cliente le jour où celle-ci a remplacé Kheira en équipe de France ? Ou encore : *Avez-vous senti une jalousie de la part d'Aminata envers Kheira ?*

J'avoue avoir remarqué un brin de jalousie, mais rien d'alarmant. Les policiers ont en leur possession les écoutes téléphoniques ainsi que tous les échanges. Mes réponses ne les déstabilisent pas car ils savent déjà.

Je sors de la PJ totalement sonnée. Enceinte de six mois, je ne veux pas transmettre à mon bébé la noirceur dans laquelle je me suis trouvée ces heures durant. J'étouffe. Je décide alors de marcher jusqu'au château de

Versailles. J'ai besoin de voir la lumière, la nature... de respirer un grand bol d'air. Le choc est violent, très violent mais je dois absolument surmonter cette épreuve pour accompagner Kheira.

En plein chaos, Aminata m'annonce qu'elle souhaite cesser notre collaboration :

« Je n'ai rien contre toi, Sonia, j'ai bien conscience que tu m'as permis de relancer ma carrière. Aujourd'hui, je ne veux pas te demander de ne plus représenter Kheira car tu l'as connue bien avant moi, en revanche je ne souhaite plus avoir le même agent qu'elle. »

Un épisode tel que celui-ci reste exceptionnel dans une carrière d'agent. J'ai malgré tout réussi à le gérer aussi bien que possible et, surtout, continué à soutenir et à défendre Kheira Hamraoui jusqu'au terme de cette sombre histoire.

Alors souvent je me dis que la place que j'occupe aujourd'hui dans le football féminin, je ne l'ai pas volée. Elle est le résultat d'années d'efforts, de sacrifices, parfois même de miracles que j'ai dû accomplir.

Voilà pourquoi je suis si heureuse de me retrouver en Australie pour cette Coupe du monde féminine, non pas seulement comme spectatrice mais comme l'agent de trois internationales françaises.

Le 27 juillet 2023, nous posons nos nombreuses valises à Brisbane, deux jours avant le dernier match de poule qui opposera la France au Brésil. L'ambiance dans le groupe semble sereine, détendue. Les filles affichent de grands sourires, je les sens libres, pour ne pas dire libérées, depuis le départ forcé de leur ancienne coach. Je n'ai jamais cautionné le comportement des joueuses qui, à quatre mois du mondial, se sont soulevées contre Corinne Diacre. Je pense qu'il existait d'autres façons de manifester son mécontentement. Se confronter à son entraîneur, c'est s'ériger contre l'institution qui, quoi qu'il arrive, doit rester au-dessus de tout. Mais leur mal-être était trop profond, la rupture avec leur sélectionneuse, déjà entamée. Avant d'initier ce mouvement de révolte, Wendie Renard et d'autres internationales lyonnaises avaient pourtant, quelques mois auparavant, profité de la venue de Noël Le Graët à Lyon pour l'alerter sur l'impossibilité de continuer à travailler avec leur coach. Il ne les a pas écoutées. Pour des raisons obscures, l'ancien président de la FFF a toujours protégé Corinne Diacre. Les joueuses ont ensuite profité de la destitution de Noël Le Graët pour agir. L'heure avait sonné. Selon moi, toutes les joueuses souhaitaient son départ, à l'exception de celles qui avaient gagné leur place uniquement grâce au bon vouloir de la sélectionneuse. Jean-Michel Aulas également qui n'avait jamais caché son animosité à l'égard de Corinne Diacre. Une animosité qui s'explique selon moi par le fait que le président de l'Olympique Lyonnais, qui a toujours œuvré et investi massivement en vue de mettre les joueuses dans les meilleures conditions pour gagner des titres avec son club, voyait ses efforts réduits à néant en équipe de France. Alors qu'il dépensait des fortunes pour leur offrir un staff conséquent, Corinne Diacre réduisait le sien au strict minimum.

Les Lyonnaises accumulaient les Coupes – notamment en Ligue des champions. L'équipe de France n'en a pas remporté une seule.

Malgré tout, je me suis souvent demandé pourquoi Corinne Diacre déclenchait tant de réactions hostiles. Bien qu'elle n'ait jamais gagné de titres, personne ne peut lui reprocher une quelconque incompétence professionnelle. N'oublions pas qu'elle a été la première femme – et la seule encore aujourd'hui – à avoir entraîné une équipe masculine. Elle a rempli sa mission en maintenant le Clermont Foot en Ligue 2 comme cela lui avait été demandé. Elle n'a fait ni mieux, ni moins bien que ses prédécesseurs. Quant à l'équipe de France, Corinne Diacre l'a hissée en quarts de finale pour la Coupe du monde 2019 et en demi-finales de l'Euro 2022.

Si ses compétences n'ont jamais vraiment été remises en question, sa personnalité, en revanche, a souvent été décriée parce que très complexe. On lui reprochait une attitude froide et austère. Certes, Corinne Diacre n'était pas particulièrement sociable, mais aurait-on accusé un homme s'il avait eu les mêmes travers ? En tant que femme, elle aurait dû se montrer plus souriante, plus apprêtée, plus accessible sans doute. Son comportement n'a fait qu'aggraver la situation, mais, selon moi, le problème vient d'ailleurs. Corinne Diacre a toujours été une travailleuse invétérée qui a consacré sa vie à sa passion. Elle vient du football amateur, n'a jamais vraiment bien gagné sa vie lorsqu'elle était joueuse, ni bénéficié des avantages du football moderne. Elle a sans doute souffert et envisage ce sport comme au temps où elle le pratiquait, c'est-à-dire dans l'effort et le sacrifice. Elle n'a pas évolué. Le football reste pour elle un travail à accomplir où le plaisir et le bien-être n'ont pas leur place. Et c'est dans cet esprit presque militaire qu'elle a managé ses équipes : pas de soins ni de massages – qu'elle considérait comme superflu – sauf pour les blessées ; interdiction d'accueillir les agents lors des compétitions ; pas de grasse matinée les lendemains de matchs, et j'en passe.

Au lieu de faire preuve de souplesse et de s'adapter à chacune des personnalités qui composaient son équipe, athlètes et membres du staff, Corinne Diacre exigeait de son entourage qu'il s'ajuste à elle.

À l'inverse de Didier Deschamps dont la faculté d'adaptation n'est plus un secret. Utilise-t-il les mêmes mots, la même attitude à l'égard d'un Kylian Mbappé ou d'un Hugo Lloris, à l'époque ? Je ne le pense pas. Cette qualité reste la marque des grands managers.

Après la Coupe du monde 2019, les relations entre les joueuses et Corinne Diacre se sont dégradées. Amandine Henry qui avait hérité du brassard de capitaine a trouvé le courage de s'épancher auprès de sa coach pour lui faire part de son management trop rigide ainsi que de la difficulté des joueuses à être coupées du reste du monde durant les compétitions internationales. Amandine n'a pas été entendue, pire, elle n'a plus jamais été appelée en équipe de France malgré des performances plus que notables avec son club. Enfermée dans ses certitudes, Corinne Diacre a toujours refusé de se remettre en cause. C'était « marche ou crève ». Les filles ont refusé de marcher dans ces conditions-là. Elles ont aussi refusé de crever, alors elles se sont révoltées et ont appelé à la démission de la sélectionneuse. La Fédération française de football a cédé.

La même situation s'est produite en Espagne. Lorsque les joueuses ont demandé la tête de leur coach, la fédération espagnole, à l'inverse des instances françaises, a refusé d'accéder à leur demande. L'institution avant tout. Cela n'a pas empêché l'équipe féminine de devenir championne du monde… Puis, il y a eu le comportement inapproprié du président, Luis Rubiales, qui a attrapé la tête de la numéro 10, Jennifer Hermoso, avant de l'embrasser sur la bouche par surprise.

Personnellement ce baiser m'a très violemment impactée, me ramenant moi-même à un souvenir semblable. De ceux qu'on aimerait pouvoir effacer de son disque dur d'un seul clic. Malheureusement, la mémoire humaine ne fonctionne pas comme ça. C'était il y a treize ans. Jeune agent à l'époque, je ne gagnais pas suffisamment bien ma vie pour dormir à l'hôtel lors de mes déplacements. Les parents de l'un des joueurs que je représentais aux Émirats avaient la gentillesse de m'accueillir chez eux chaque fois que je devais me rendre à Abu Dhabi. Cette maison était presque devenue la mienne. Je m'y sentais à l'aise, en famille, en sécurité. Un jour, je ne sais pour quelle raison, je me suis retrouvée seule avec le père de mon client. Assise par terre dans le couloir, je traitais quelques dossiers en attendant que mon téléphone se recharge. Soudain, j'ai vu arriver cet homme vers moi. Il m'a tendu la main comme pour me saluer puis s'en est emparé pour m'aider à me lever. Surprise, je me suis exécutée. Il a alors pris ma tête entre ses deux mains, l'a rapprochée de force de la sienne puis a enfoncé sa langue visqueuse dans ma bouche avant de repartir comme il était venu. Pétrifiée, tétanisée, je n'ai pas réagi tout de suite. Après avoir repris mes esprits, j'ai couru dans la salle de bains me laver la bouche frénétiquement au savon puis me suis enfuie. Il m'avait souillée, attrapée au dépourvu sans que je n'aie le temps de réagir. Que lui est-il passé par la tête pour agir ainsi ? À quel moment, il s'est dit : « Tiens, je vais aller rouler une pelle à Sonia et retourner devant ma télé » ? Son geste était tout aussi détestable qu'incompréhensible.

Ce qu'a fait le président de la fédération espagnole n'est pas plus acceptable, mais je l'interprète davantage comme un geste de toute-puissance et de domination d'un homme sur une femme, d'un président sur sa joueuse que comme un acte sexuel. Ce dernier, dépassé par l'euphorie du moment, a probablement été pris d'une pulsion incontrôlée et spontanée, mais la question à se poser est la suivante : se serait-il laissé submerger de la même façon s'il avait eu un joueur face à lui ? Preuve de l'impunité accordée aux hommes dans ce milieu, non seulement il ne s'est pas excusé, il n'a pas voulu démissionner, mais il a affirmé que ce baiser était consenti. Autrement dit, Jennifer Hermoso était aussi responsable que lui. Non mais on va où, là ?

Soutenu par sa fédération, Luis Rubiales a même été applaudi lors d'une assemblée malgré la réaction de la joueuse, contrainte de justifier l'injustifiable : « Je me suis sentie vulnérable et victime d'un acte impulsif, sexiste, et hors de propos sans aucun consentement de ma part. » Sous la pression, Luis Rubiales a démissionné. Cela me rappelle l'histoire d'un autre président… Aujourd'hui, tous deux ont disparu de la scène footballistique et médiatique. Ce qui m'attriste tout particulièrement, c'est que ce baiser a gâché la victoire et éclipsé le titre suprême que l'équipe féminine espagnole venait de remporter.

Mais revenons à nos Bleues qui semblent avoir retrouvé un second souffle et l'envie de mouiller le maillot.

Après leur victoire contre le Brésil (2-1), c'est à Sydney que nous atterrissons pour assister au match de la France contre le Panama (6-3), puis à Adélaïde pour les huitièmes de finale contre le Maroc que les Françaises remportent brillamment sur un score de 4 à 0. Chaque victoire nous donne l'occasion de resserrer les liens entre nous et de partager de jolis moments. Lorsque je me repasse le film de toutes ces années de combats, je suis fière. Oui, fière d'avoir été la première en France en tant qu'agent sportif à croire et à œuvrer pour que les joueuses soient enfin reconnues à leur juste valeur. Ce n'est pas le cas de mes collègues, notamment de Jennifer Mendelewitsch, agent qui n'a pas hésité à exprimer tout le mal qu'elle pensait du football féminin en le qualifiant d'« inintéressant ». Ses propos m'ont fait bondir. Comment une femme qui s'est battue, elle aussi, pour s'imposer dans ce métier pouvait-elle se permettre de telles attaques ? Je n'ai pas résisté à l'envie de lui répondre, via un réseau social. Inutile de préciser que je n'ai pas pris de gants : « Tu es une honte pour la Femme. Cracher sur le foot féminin, c'est petit et impardonnable ». Nous nous sommes écharpées comme deux gamines, ce qui nous a valu un article désastreux dans le journal *L'Équipe* au titre évocateur : « Crêpage de chignons chez les agentes ». Une aubaine pour les journalistes sportifs, misogynes pour certains, qui ont profité de l'occasion pour nous faire passer pour des hystériques. Comble du paradoxe : l'auteur de ces lignes est Guillaume Dufy, mon journaliste de confiance… Je ne lui en ai pas tenu rigueur. *Business is business !*

Je n'ai plus jamais échangé avec Jennifer. Toutefois je la respecte car, tout comme moi, elle a réussi à tirer son épingle du jeu en devenant, en tant que femme, un agent de joueurs reconnu et respecté. Elle s'est finalement laissé prendre dans les filets du football féminin. Comme quoi, il n'y a que les cons qui ne changent pas d'avis. Depuis, d'autres agents – y compris les plus réputés – ont commencé à s'intéresser aux filles, y trouvant un intérêt financier et médiatique. Des joueuses comme Marinette Pichon, Marta et, plus récemment, Megan Rapinoe ont non seulement excellé sur les terrains, mais également utilisé leur notoriété pour lutter contre les inégalités et promouvoir leur sport. Même si les femmes restent encore victimes de préjugés et de discriminations, les fédérations et les entrepreneurs investissent à présent dans le football féminin, reconnaissant enfin son potentiel de croissance. Certes, des disparités subsistent mais les salaires et primes des joueuses ont considérablement augmenté. Grâce à tous ces combats menés, nous assistons depuis quelques années à un changement de comportement et à une évolution des mentalités. C'est pourquoi je suis si fière de m'être accrochée, de n'avoir pas compté mon temps et d'avoir osé me confronter aux dirigeants de la FFF pour obtenir gain de cause. Cette Coupe du monde représente pour moi l'accomplissement de ma carrière professionnelle. Mon acharnement et ma volonté d'y arriver ont porté leurs fruits car aujourd'hui, je suis là, avec mes joueuses qui s'apprêtent à tout donner contre l'Australie pour décrocher une place dans le carré final.

L'ambiance est électrique, je suis installée dans les tribunes avec ma mère et mes deux enfants, non loin des parents des sœurs Cascarino. Delphine, blessée, a fait le déplacement pour soutenir ses coéquipières et sa sœur jumelle Estelle. Toutes les familles n'ont malheureusement pas eu la possibilité de venir en Australie en raison du coût du voyage. La FFF ne prenant en charge les frais qu'à hauteur de 6 000 euros par joueuse, une somme très insuffisante pour couvrir les déplacements de la France jusqu'en Australie et les logements sur une partie ou sur toute la durée de la compétition.

J'aperçois au loin le nouveau président par intérim de la Fédération française de football, Philippe Diallo. Je ne l'ai jamais rencontré depuis qu'il a remplacé Noël Le Graët et j'espère bien avoir l'occasion de me présenter un peu plus tard dans la soirée. Le match est tendu, les deux équipes ne parviennent pas à se départager, puis arrive ce que nous redoutons plus que tout : la séance de tirs au but. Hélas, au terme d'une série interminable, l'Australie arrache sa qualification pour la première demi-finale de son histoire. Pour la troisième fois consécutive, les Bleues quittent la compétition au stade des quarts. Nous sommes abattus, vidés de toute l'énergie que nous avons donnée durant ces minutes irrespirables. Nous y avons cru jusqu'à la dernière seconde car cette équipe de France talentueuse et enthousiaste méritait de côtoyer les étoiles. Mais le football est ainsi fait…

Nous tentons de réconforter les joueuses tant bien que mal. La déception est immense, le cœur n'est plus à la fête mais nous devons prendre sur nous car, ce soir, un dîner est prévu en leur honneur. Aline Cascarino, la maman des jumelles, s'approche de moi et me dit : « Nous serions ravis de t'avoir à notre table avec ta famille. »

Je la remercie chaleureusement tout en acceptant avec plaisir de partager ce dîner avec mes joueuses.

L'aventure s'achève, c'est notre dernière soirée. La fin du rêve. Je suis déçue, mais n'oublie pas mon rôle d'agent alors je sauve les apparences. Je ne laisse rien transparaître de ma tristesse car je suis là aussi pour remonter le moral des troupes et leur apporter confiance et sérénité. Nous nous rendons avec les familles à l'hôtel des joueuses et nous disposons de façon à leur faire une haie d'honneur. Le bus des Bleues arrive enfin. Le staff de l'équipe de France est présent ainsi que certains cadres de la Fédération de football, dont le président. Entourée de ma mère et de mes enfants qui jouent à mes pieds, je sens un regard posé sur moi. Philippe Diallo me fixe avec insistance. Je ne comprends pas. Prise par la ferveur du moment, je n'en tiens pas compte et oublie. À l'arrivée des filles, les applaudissements et les bravos fusent. L'émotion est à son comble. J'ai le sentiment d'appartenir à une grande famille. La famille du football. Et c'est justement à ce moment précis que le chef de cette grande famille, le président, décide de m'interpeller.

Alors que je me précipite dans les toilettes pour changer la couche de ma fille, il s'approche de moi. Je suis persuadée qu'il vient me saluer et partager sa déception avec moi. Quelle naïveté ! Comment pourrais-je imaginer ce qu'il s'apprête à me dire ?

Il me fait un signe de la tête pour m'indiquer un endroit discret, près de la réception :

« Bonsoir Président, lui dis-je avec un grand sourire.

– Bonsoir Sonia. Compte tenu des récents événements avec la Fédération et Noël Le Graët, votre présence n'est pas souhaitée parmi nous. »

Le choc ! Ma respiration se coupe. Je reste interdite sans parvenir à prononcer le moindre mot. Mon estomac se noue comme si le président venait de me donner un coup de poing. Un très mauvais tacle. J'ai envie de lui balancer la couche de mon bébé à la figure. J'essaye de reprendre mon souffle tout en me parlant à moi-même : *Ne perds pas la face ! Tout le monde est là, ta mère te regarde, tes enfants, tes joueuses et leurs familles aussi. Tu dois garder ta dignité.*

La sidération passée, je sens la colère m'envahir. Je regarde cet homme droit dans les yeux et lui dis :

« C'est très déplacé, ce que vous êtes en train de faire !

– Pourquoi ? me demande-t-il surpris.

– Comment ça, pourquoi ? Je suis agent, je représente plusieurs internationales. Je fais juste mon travail. Je suis venue avec mes enfants et ma maman de l'autre bout du monde afin d'être au plus près de mes clientes lors de ces moments importants. Pour quelle raison ma place ne serait-elle pas auprès de mes joueuses après une élimination ? Je ne vous permets pas de me parler comme ça en fait… »

Le président reste muet. Il réalise sans doute la bourde qu'il vient de commettre. Aline Cascarino perçoit le malaise. À son regard, je comprends qu'elle s'interroge. Je la vois discuter avec ma mère dont le visage a subitement pâli.

Je reprends : « Tout d'abord, on ne se connaît pas, vous n'avez pas à m'appeler Sonia. Et maintenant, expliquez-moi plus précisément pourquoi je ne suis pas la bienvenue. »

Je hausse le ton, je vois rouge. Il m'humilie publiquement sans aucune raison valable. Président ou pas, je ne me laisserai pas faire : « Comment vous permettez-vous de me dénigrer comme ça alors que je ne fais que mon travail ? Je vous le répète, ma place est légitime. Je dois être aux côtés de mes joueuses dans les bons comme dans les mauvais moments. C'est mon rôle et il est incontestable. »

Les regards se tournent à présent vers nous. Je sens Philippe Diallo de plus en plus mal à l'aise, mais rien ni personne ne peut m'arrêter.

« Je trouve scandaleux que vous vous immisciez dans une histoire qui ne vous regarde pas. Elle concerne l'ex-président de la FFF, il a démissionné et d'ailleurs, si vous êtes là aujourd'hui à faire le beau devant moi, ce n'est que grâce à ça. »

Son regard est fuyant. Il ne s'attendait certainement pas à ce que je m'adresse à lui sur ce ton et avec autant de hargne. Mais que croyait-il ? Que j'allais m'exécuter docilement en prenant mes enfants sous le bras ? Que j'allais obéir à son injonction en baissant les yeux ?

« Je répète, lui dis-je. Qu'ai-je fait de mal si ce n'est d'avoir eu le courage de dénoncer le comportement malsain de l'ancien président de la FFF ? En quoi ai-je commis une faute ? »

Je m'entends parler de plus en plus fort. Ma mère ainsi que les familles des joueuses sont scandalisées. Je suis si furieuse que je ne prends pas la mesure de ce que je fais. Toute l'assemblée est témoin de la scène. Le président est en train de perdre la face.

N'y tenant plus, ma mère se rapproche de moi, suivie de près par Aline Cascarino : « Que se passe-t-il, ma fille ? Quel est le problème ? »

Dans un état second, je lui réponds : « Je ne suis pas la bienvenue ici. Apporte les poussettes, nous partons. »

Aline s'interpose : « Il en est hors de question ! Vous êtes nos invités, vous restez avec nous ! »

De plus en plus déstabilisé, le président cherche à m'éloigner et me demande de le suivre en direction de l'ascenseur.

Naïve une fois encore, je me dis qu'il souhaite que l'on s'explique calmement. Je demande à ma mère de rester avec les familles et de veiller sur mes enfants.

Une fois les portes de l'ascenseur fermées, et profitant que nous soyons seuls, sans témoin, Philippe Diallo s'adresse à moi avec fermeté : « C'est la dernière fois que vous me parlez sur ce ton ! »

Je comprends alors qu'il m'a demandé de le suivre juste pour s'extirper d'une situation désagréable et reprendre la main. Il ignore à qui il a affaire. D'un regard noir, je lui rétorque : « Et vous, c'est la dernière fois que vous me manquez de respect ! »

L'ascenseur arrivé à l'étage, le président se précipite en dehors et ordonne à un vigile balèze de me laisser à l'intérieur. Ce dernier obéit aux ordres, me poussant brutalement pour m'empêcher de sortir. Je suis au bord des larmes. Je redescends rejoindre mon clan qui, entre-temps, est monté dans la salle où est organisé le dîner. Le cœur serré, je remonte. Ma mère et mes enfants sont là, ainsi que les joueuses et leurs familles. Avant de les rejoindre, je m'approche du président, me plante devant lui et, sans me soucier des gens qui l'entourent, lui demande :

« Je fais quoi ? Je suis la bienvenue ou pas ? Il est temps de vous décider maintenant.

– C'est bon, laissez-la ! » chuchote-t-il en se tournant vers l'agent de sécurité.

Mais au moment où je m'apprête à me rendre à ma table, il revient vers moi. Je me dis qu'il s'est rendu compte de son manque de discernement et qu'il souhaite faire amende honorable.

« Vous ne vous rendez pas compte, cette Coupe du monde est un événement très médiatisé. Si Noël Le Graët apprend que vous êtes présente ce soir, il le prendra très mal. Cette situation va poser un problème pour la FFF et pour moi. »

Quoi ? Non mais devant quelle espèce de chiffe molle je me trouve ? Il se paie vraiment ma tête, ce n'est pas possible ! L'équipe de France vient à peine de se faire éliminer et l'unique préoccupation du président de la Fédération française de football se résume à ma présence dans cette salle.

« Vous pensez que les médias en ont quelque chose à foutre de ma petite personne ? Je suis là pour travailler. Noël Le Graët n'est plus là ! Pourquoi son avis compte-t-il toujours autant pour vous aujourd'hui ? Et surtout, comment pouvez-vous penser à ça ce soir ? »

Mon petit garçon de 3 ans qui sent une tension demande à venir dans mes bras : « Laisse ma maman tranquille, ne fais pas de mal à ma maman ! » dit-il, la voix tremblante, en s'adressant au président.

Je prends sur moi pour retenir mes larmes. Je ne lui ferai pas ce plaisir. « Pensez-vous que j'ai fait quelque chose pour mériter que vous me dénigriez en public ? »

À court d'arguments, il me répond : « Les agents ne sont pas les bienvenus.

– Je ne suis pas seulement agent, je suis aussi une amie des joueuses. Elles ont le droit d'inviter qui elles veulent. »

Cette discussion n'a aucun sens, je préfère y mettre un terme. Je tourne les talons et pars rejoindre la table des joueuses. Dès l'instant où je croise le regard de ma mère, j'éclate en sanglots. La tension est trop forte, je ne parviens plus à me contenir. Je craque devant tout le monde. Aline Cascarino me prend la main pour me réconforter : « Ne le laisse pas gagner, on sait qui tu es. »

Estelle, Delphine et Laetitia Cascarino – les trois sœurs – semblent choquées. Je sanglote comme un bébé. Jamais mes joueuses ne m'avaient vue dans un tel état.

Grâce aux paroles rassurantes de mon entourage, je finis par reprendre mes esprits et passe la soirée comme je le peux avec une boule au ventre qui m'empêche d'avaler le moindre aliment.

Dès le lendemain, j'écris un message à Jean-Michel Aulas pour lui raconter en détail les événements de la veille. Je n'attends rien de lui si ce n'est un signe de compréhension. Il ne m'a jamais répondu. Je ne lui en veux pas car la situation est délicate. Difficile de prendre le parti d'un agent contre le président de la Fédération française de football dont il est le vice-président...

J'ai mis quelques jours avant de me relever de cet affront. Si je n'avais pas eu cette relation de confiance avec mes joueuses, je les aurais peut-être perdues. Là encore, j'ai la certitude qu'il ne se serait jamais permis de se comporter ainsi si j'avais été un homme. Il m'a traitée comme une moins que rien parce qu'il tremblait, comme un petit garçon, à l'idée de se faire réprimander par Noël Le Graët qui, aujourd'hui, n'existe plus au sein de la FFF. J'ai presque pitié de lui lorsque je lis les récentes déclarations de l'ex-président de la Fédé à son sujet : « J'ai dit qu'il avait gagné à l'Euromillions parce qu'il a été viré du syndicat des clubs. Je le prends ensuite comme trésorier parce que j'ai un poste de libre, puis vice-président car j'ai encore un poste de libre. Il ne lui restait plus qu'un petit escalier à prendre. Et je ne suis pas certain qu'il m'avait bien défendu à l'époque. Je n'aurais jamais dû le mettre vice-président [...]. Jean-Michel Aulas est bien meilleur que Diallo. Il n'y a pas photo. »

J'espère qu'un jour prochain, l'une des plus grandes fédérations de football au monde trouvera le leader, homme ou femme, qui aura les épaules pour porter ce costume. C'est tout le mal que je nous souhaite.

L'essentiel pour moi est d'avoir sauvé mon honneur la tête haute, sans vaciller face à celui qui a tenté de m'évincer. Je n'ai commis aucune faute, et si c'était à refaire, je le referais.

Oui, j'assume d'avoir dénoncé publiquement le comportement de celui qui a abusé de son pouvoir, et il s'avère qu'il s'agissait de l'homme le plus puissant du football français, Noël Le Graët, l'ex-président de la Fédération française de football.

Chapitre 9

DEUX SEINS ET UN CUL…

Cette décision, je l'ai prise en mon âme et conscience, sans qu'aucune pression extérieure ne vienne m'influencer ou me forcer la main. Contrairement à ce qui a pu être dit ou écrit, je n'ai rien programmé, rien calculé à l'avance, mais durant les mois qui ont précédé ma prise de parole dans les médias, un enchaînement de faits inattendus et de rencontres fortuites a provoqué un alignement de planètes, m'offrant l'opportunité de m'exprimer.

J'avais relégué cette sombre histoire dans un coin de mon esprit, dans le tiroir encombré de mes mauvais souvenirs. Bien que j'aie un certain talent pour ne retenir que le positif, elle ressurgissait parfois comme le spectre du passé. Je m'efforçais de la chasser, refusant de la laisser s'infiltrer dans ma vie quotidienne. Ma carrière professionnelle était ma priorité, je m'y consacrais pleinement avec une rigueur presque obsessionnelle. Ma fille venait de naître et son arrivée me faisait inévitablement réfléchir. Dans quel monde allait-elle grandir ? Trouverait-elle sa place en tant que femme dans notre société ? Je me posais mille questions sans vraiment trouver de réponse, mais j'avais une certitude : je ferais tout ce qui est en mon pouvoir pour qu'elle ne subisse pas ce que moi, j'avais subi. Je devais trouver le courage de parler. Cette évidence était ancrée comme une promesse silencieuse faite à moi-même.

Pour ma fille, pour ma petite sœur, pour toutes les femmes et pour les générations futures.

J'ignorais quand et comment ce moment se présenterait. Il est arrivé plus vite que je ne l'avais imaginé...

Le 8 septembre 2022, le magazine *So Foot* publie une longue enquête intitulée : « Ma Fédé va craquer », révélant, à partir de nombreux témoignages anonymes, l'ambiance toxique qui règne au sein de la Fédération française de football. Noël Le Graët, le président, est notamment mis en cause pour des comportements inappropriés à l'égard de certaines femmes. En effet, des employées de la FFF auraient reçu de la part du dirigeant des messages à caractère sexuel. Certains d'entre eux sont d'ailleurs publiés, comme, par exemple : « Vous êtes drôlement bien roulée, je vous mettrais bien dans mon lit » ou encore « Venez chez moi pour dîner ce soir ». La lecture de cet article provoque chez moi un électrochoc, je réalise que je ne suis pas la seule à avoir souffert de son comportement, d'autres femmes sont concernées et victimes du même homme que moi. N'étant pas salariée de cette institution, je n'avais jamais eu l'occasion d'échanger avec ces femmes. Aucune rumeur ne m'était donc parvenue.

Après avoir fait une pause pour digérer ces révélations, je reprends ma lecture, et c'est en parcourant les lignes suivantes que des larmes de colère emplissent mes yeux. Noël Le Graët nie tout en bloc. Non seulement, il n'exprime pas la moindre pensée pour les victimes, mais il adopte une ligne de défense dans laquelle il ose « défier quiconque de trouver la moindre trace ». Il affirme n'avoir jamais harcelé personne et surtout ne pas savoir écrire de SMS.

Je ne saurais expliquer ce que je ressens... Je suis meurtrie, furieuse, j'explose à l'intérieur de moi. Je suis d'autant plus sensible que j'ai accouché deux mois avant. Mes émotions sont décuplées, je suis à fleur de peau. *Tu ne t'en tireras pas comme ça ! Je vais donner la preuve que tu sais très bien écrire des messages !* me dis-je à moi-même.

Après le choc, c'est l'esprit de révolte qui prend le pas. Il est hors de question que je laisse passer. Oubliée la petite jeune timide qui, à ses débuts comme agent, tremblait devant son président, aujourd'hui je suis une femme accomplie qui compte bien régler ses comptes ! Je n'ai plus peur ! *Si tu ne parles pas, Sonia, tu ne pourras plus te regarder dans un miroir.*

Je bondis hors de mon canapé pour appeler un ami spécialiste en communication, que je nommerai « Arnaud ». Ce dernier, très concerné par la cause des femmes dans le football, est au courant de mon histoire. Je lui demande : « Penses-tu que je peux témoigner ? »

Sa réponse est sans appel :

« Ton courage force l'admiration, Sonia, mais c'est du suicide. Les risques sont trop importants. Ne perds pas de vue le fait que tu t'attaques au président de la FFF ! Il est plus important qu'un ministre ! C'est un homme très puissant qui bénéficie de soutiens multiples, y compris politiques. Il est hyperprotégé. Si tu t'exprimes, les répercussions sur ta carrière seront retentissantes. »

Arnaud a raison. C'est le combat de David contre Goliath, je ne peux pas lutter. Cependant, les souvenirs enfouis depuis longtemps me reviennent en mémoire et ne me quitteront plus tant que je ne les aurai pas expulsés. J'écoute cependant les conseils avisés de mon ami sans me résoudre pour autant à abandonner définitivement l'idée. Mon heure viendra...

Huit jours plus tard, le 16 septembre, suite à la publication de l'article, la ministre des Sports Amélie Oudéa-Castéra diligente une mission d'audit sur les dysfonctionnements au sein de la Fédération française de football. Noël Le Graët et Florence Hardouin, sa directrice générale, doivent être entendus prochainement. L'étau se resserre autour du président...

Très attentive aux événements qui se déroulent les semaines suivantes, je reprends, malgré tout, le cours de ma vie bien chargée entre mes deux enfants et mes activités professionnelles. Nous sommes quelques mois après l'agression subie par ma cliente, Kheira Hamraoui. Les demandes d'éditeurs qui souhaitent publier son histoire affluent. L'idée nous semble intéressante, et le timing parfait. Après de multiples rendez-vous, notre choix se porte sur les éditions JC Lattès. Reste à présent à trouver celui ou celle qui couchera les mots sur le papier. Je suis approchée par des journalistes, dont Dominique Rouch. Lorsque je me renseigne sur cette femme, j'apprends qu'elle est la biographe de certains footballeurs de l'équipe de France et qu'elle travaille également dans la communication. Elle est, d'ailleurs, la conseillère de Florence Hardouin, encore en poste à ce moment-là et visée elle aussi par des accusations de salariés de la FFF qui lui reprochent son « management brutal ». J'entame alors une discussion téléphonique avec Dominique au sujet de l'ouvrage, et très rapidement, notre conversation bascule sur les récents événements qui entachent le football français. Je m'entends alors lui déballer mon histoire, j'aimerais recueillir son avis d'experte. Dominique m'avouera plus tard avoir été surprise de la confiance que je lui avais témoignée alors qu'on ne se connaissait pas. Mes propos résonnent d'autant plus fort en elle que sa cliente a souffert, elle aussi, de comportements inappropriés de la part de son patron, Noël Le Graët. L'autrice garde cependant une certaine neutralité tout au long de notre échange puis, au moment de raccrocher, me lance : « Vous devriez penser à écrire un livre, vous aussi ! »

Entre-temps, les événements s'accélèrent. Noël Le Graët est auditionné dans le cadre d'une commission d'enquête parlementaire sur les défaillances du sport dans les fédérations sportives. Ses propos à caractère raciste et homophobe sont pointés du doigt ainsi que les accusations en matière de sexisme et de harcèlement sexuel. Le numéro 1 de la Fédération française de football dénonce alors « un lynchage médiatique » et assure « n'avoir rien fait de mal ».

« J'ai l'habitude de travailler avec des femmes, précise-t-il avant de plaider en faveur de son âge : le harcèlement sexuel, je ne sais pas ce que c'est [...] Dire à une femme qu'elle a une jolie robe, aujourd'hui ça ne se dit plus. Les temps ont changé. »

Les médias relaient ses propos, évoquant une « audition lunaire ». Le président est accablé de toutes parts. Les témoignages de femmes se multiplient, toujours anonymes. Quinze jours plus tard alors qu'il est fortement affaibli, il aggrave son cas. Dans le cadre de l'émission *Complément d'enquête* sur France 2, le président est confronté à des images montrant les conditions de vie des travailleurs dans l'hôtel des Bleus au Qatar et à des vidéos de leurs chambres exiguës, infestées de cafards où des agents de sécurité s'entassent sur des lits superposés. Non seulement il ne manifeste aucune empathie, mais enfonce le clou en déclarant : « Ce n'est pas insoluble ça ! Il suffit d'un coup de peinture. »

Ses déclarations provoquent un tollé. J'assiste, impassible, à sa lente dégringolade. Mais plus les témoignages de femmes s'accumulent, plus il tente de les discréditer, plus je bous dans mon coin, prête à exploser. Je ronge mon frein.

Quelques jours plus tard, Dominique me rejoint à l'hôtel Lutetia où je me trouve en présence de Kheira Hamraoui. Cette dernière a besoin de s'entretenir avec l'autrice pour « sentir » si le courant passe entre elles.

« Quel message souhaitez-vous faire passer dans ce livre ? » lui demande l'écrivaine. Puis elle rajoute : « Je ne pense pas qu'il serait judicieux d'insister sur le côté victime. Vous êtes une femme forte, vous vous êtes toujours battue dans votre vie et encore aujourd'hui. Votre histoire est celle d'une résiliente. »

Gagné ! C'est précisément l'angle que nous souhaitons donner au livre. Je perçois dans l'attitude de ma cliente, réservée au départ, qu'elle a déjà fait son choix. Le feeling entre les deux femmes est perceptible. L'ambiance est désormais légère. Nous buvons un verre puis, là encore, mon histoire s'invite dans nos discussions. Je me sens en confiance, alors je sors mon téléphone et le tends à Dominique :

« Écoute, c'est le message vocal de Le Graët dont je t'ai parlé ! » lui dis-je.

Sonia, j'en suis à ma troisième bouteille… Troisième… Je vous attends pour la quatrième.

« C'est bien lui, me dit-elle, estomaquée. Je reconnais sa voix. Que comptes-tu en faire ?

– Je ne sais pas.

– C'est une bombe à retardement ! » m'annonce-t-elle pour conclure le sujet.

Nous restons de longues heures ensemble puis Dominique quitte l'hôtel. J'en profite pour demander à Kheira si elle a pris une décision concernant la personne qui écrira son livre.

« Ce sera elle, me dit-elle sans hésitation. Elle connaît bien le monde du football, et en plus, elle me met à l'aise. Elle a beaucoup d'empathie, et c'est ce dont j'ai besoin pour pouvoir me livrer. Je sais que je ne serai pas jugée. »

J'acquiesce et partage son choix.

Je tiens à préciser qu'à aucun moment je n'ai influencé Kheira dans sa volonté de choisir cette écrivaine plutôt qu'une autre. Je conseille mes clients, donne mon avis mais la décision finale leur appartient. Si je m'explique sur ce point, c'est parce qu'il m'a été reproché d'avoir choisi Dominique pour des raisons stratégiques, en raison de son « combat » contre le président à travers la directrice générale de la FFF, Florence Hardouin. Il n'en est rien.

Au mois de décembre, les contrats sont signés, l'écriture du livre peut commencer. L'autrice me sollicite souvent pour obtenir des informations précises sur l'agression de ma cliente et les poursuites judiciaires. Inévitablement, des liens se créent entre nous. Nos conversations dérapent parfois sur des sujets plus personnels ainsi que sur l'actualité de la FFF, alors en plein chaos. À aucun moment il n'est question que je m'exprime publiquement, jusqu'à ce jour où nous prenons connaissance de la date de l'audition de Noël Le Graët et de Florence Hardouin. Ils seront entendus le mardi 10 janvier sur les conclusions de l'audit demandé par la ministre.

Nous sommes le samedi 7 janvier. Je passe une soirée paisible en famille, lorsqu'aux alentours de 20 heures Arnaud m'appelle : « Bonsoir Sonia, pardon de te déranger un week-end, mais je pense que le moment est venu de parler. Le président va être entendu dans trois jours, notamment sur les accusations de harcèlement sexuel. Les médias sont focus sur le sujet, c'est le moment ou jamais pour que ta parole soit entendue. »

Je m'assois, légèrement sonnée par l'annonce de mon ami. Je prends une grande inspiration. J'ai toujours su que ce jour viendrait, celui où il faudrait prendre position, affronter cet homme. Toutes sortes de sentiments s'entrechoquent : l'émotion, l'appréhension, les doutes... Je sais que j'ai tout à perdre en m'attaquant au président de la FFF.

« Je ne peux pas te répondre ce soir, je dois réfléchir. Comme tu me l'as dit, les répercussions sur ma carrière risquent d'être importantes. Mais ce soir, ce n'est pas ma carrière qui compte, mais ma famille et mes associés qui seront, eux aussi, directement touchés. Je dois leur en parler avant de prendre ma décision.

– Je comprends, me répond Arnaud. Sinon, serais-tu d'accord pour échanger avec Florence Hardouin au téléphone ?

– Pour quoi faire ?

– Elle aimerait te raconter ce qu'elle a subi, elle aussi, de la part de Noël Le Graët pendant des années à la FFF.

– Oui, enfin, elle aimerait surtout me convaincre de témoigner, afin d'essayer de sauver son job ! Je ne sais pas trop quoi penser d'elle. Elle traîne une sacrée réputation quand même ! Le monde du football est petit, on affuble Le Graët des surnoms de Louis XIV ou Napoléon. Enfin, en ce moment, il serait plus proche de Louis XVI ! Et Florence Hardouin, c'est Margaret Thatcher.

– Je ne savais pas pour Margaret Thatcher. Je ne pense pas qu'elle souhaite absolument te convaincre de témoigner, car c'est un choix très personnel et la seule personne qui prend un gros risque dans l'histoire, c'est toi. Mais elle aimerait vraiment pouvoir échanger avec toi, insiste Arnaud.

– Je ne suis pas née de la dernière pluie, elle veut que je lui serve de gilet par balles. Mais OK, j'échangerai avec elle quelques minutes.

– Je ne veux en aucun cas te mettre la pression, me répète Arnaud, mais le temps presse. Nous devons trouver le bon média et surtout fixer une date avant le 10 janvier. Il ne nous reste que trois jours...

– Dans quel cadre devrais-je parler ? Je dois en savoir un peu plus ! dis-je un peu affolée.

– Ne t'inquiète pas, si tu acceptes l'idée, nous ne te laisserons pas partir au front toute seule. Je suis en relation constante avec Dominique. C'est elle qui se chargera de choisir le meilleur média et de contacter les journalistes. D'ailleurs, elle aimerait savoir si tu souhaites témoigner à visage découvert ou pas. Te connaissant, j'ai une idée de la réponse, j'attends juste la confirmation de ta part.

– Tu me connais bien. Je ne suis pas le genre à avancer masquée. Si je décide de parler, j'assumerai. »

Je raccroche. Mes mains sont moites. Elles ne retiennent plus le téléphone qui atterrit mollement sur le canapé. Le silence de la maison à cette heure de la soirée contraste avec le tumulte intérieur qui commence à naître en moi. J'aimerais aller me coucher pour avoir l'esprit clair le lendemain mais je sais déjà que je ne trouverai pas le sommeil.

Les questions se multiplient et tournent en boucle dans ma tête. Je fais les cent pas dans le salon pour m'aider à réfléchir aux conséquences de mon acte. Je sais que chacune de mes phrases sera décortiquée, analysée dans le but de me discréditer. Je m'attends à recevoir des flots d'insultes sur les réseaux sociaux, des menaces voilées, des critiques acerbes... Personne ne me fera de cadeau et encore moins le milieu du football. Pourtant, je suis prête à me lancer dans l'arène.

Le lendemain, alors que je vaque à mes occupations, un numéro inconnu s'affiche sur mon téléphone. Je décroche, ce que je ne fais jamais dans ce cas.

« Bonjour Sonia, c'est Florence Hardouin.

– Bonjour Florence.

– Je ne vous prendrai pas beaucoup de temps mais je tenais à vous parler car moi aussi, je m'en prends plein la figure. Je suis victime de nombreuses rumeurs qui m'horrifient. Depuis que j'ai été nommée directrice générale de la FFF, j'ai toujours fait ce qui était en mon pouvoir pour protéger les salariés et leur offrir les meilleures conditions de travail. En tant que DG et avec un président souvent défaillant, j'ai dû endosser de très grosses responsabilités et faire des choix, ça, je ne peux le nier, mais toujours dans l'unique but de servir cette belle institution qu'est la Fédération française de football », conclut-elle.

Je l'écoute attentivement. L'image que je me faisais de cette femme ne correspond pas à ce qu'elle affiche. Florence Hardouin est touchante. Bien qu'elle soit accusée de « management brutal », elle est également reconnue pour être un bourreau de travail, à la fois talentueuse et passionnée. J'ai toujours eu beaucoup d'admiration pour ces profils de femmes, obligées de se montrer fortes et parfois intransigeantes lorsqu'elles occupent des postes à hautes responsabilités, qui plus est au sein d'une institution aussi importante que la FFF.

Je suis sensible à son discours et au fait qu'elle aussi a subi les comportements déplacés et malsains de son président.

Lors de cette brève conversation, elle me relate quelques anecdotes aussi sinistres que répugnantes vécues aux côtés de Noël Le Graët. Elle m'encourage à témoigner, avant tout pour moi mais aussi pour toutes les femmes qui traversent ce genre d'épreuves. Ce qu'elle ignore, c'est que je suis déjà convaincue, et ce, depuis des années. Avec ou sans cet appel, ma décision était déjà prise.

Je convoque ma famille afin d'avoir son sentiment sur cette prise de parole. Mon compagnon, David, semble mitigé :

« Nous serons probablement impactés mais je pense avant tout à toi. Es-tu consciente des risques que tu cours ? me demande-t-il.

– Bien sûr, j'ai passé la nuit à y penser...

– De toute façon, je te connais, tu ne reculeras plus. Tu iras jusqu'au bout, alors sois prudente ! » conclut-il tendrement.

J'appelle ensuite mes parents qui, eux aussi, s'inquiètent pour moi. Je les sens partagés entre la crainte que cette prise de parole me porte préjudice et l'envie de me voir enfin passer à autre chose. Ni l'un ni l'autre ne m'empêcheront de m'exprimer. Comme toujours, mes deux associés, Samy et Patrick, sont à fond derrière moi. Ma belle-fille de 20 ans – la fille de mon compagnon – et ma petite sœur de 24 ans m'encouragent également. Pour cette jeune génération opposée à toute forme d'extrémisme, de racisme et de sexisme, la question ne se pose même pas ; il faut dénoncer ce genre de comportements. Je finis par me ranger à leurs arguments.

Il est 15 heures. J'appelle Arnaud pour lui faire part de ma décision. Dominique est immédiatement prévenue et fait chauffer le téléphone pour convaincre un média de me recevoir dès le lendemain. Elle passera la soirée et une partie de la nuit à négocier avec les journalistes. Nous échangeons plusieurs fois car j'ai besoin de connaître sa stratégie :

« J'ai contacté Laurent Delahousse pour le journal télévisé de France 2, me dit-elle. Il propose de programmer un reportage le week-end prochain à condition de donner la parole à d'autres femmes aussi. J'ai refusé, tu dois parler au plus tard demain avant l'audition de Noël Le Graët qui aura lieu après-demain. De toute façon, je pense qu'il faut choisir une chaîne d'informations de façon que ton interview soit relayée partout et passe en boucle.

– À qui penses-tu ?

– BFM, c'est ce qu'il y a de mieux en termes d'audience et d'impact. Je vais appeler l'équipe de la matinale de Bruce Toussaint. Je te tiens au courant. »

Entre deux conversations téléphoniques, je décide de regarder un film pour me changer les idées et tenter de canaliser mon angoisse. Je fais défiler les titres puis découvre par hasard une série intitulée *Toujours là pour toi*, l'histoire de deux amies, l'une est journaliste, l'autre, femme au foyer. C'est exactement ce qu'il me faut pour me détendre. J'enchaîne les épisodes jusqu'au moment où je tombe sur une scène où la journaliste, folle de rage, s'énerve de n'avoir pas été promue ; le boss ayant préféré son homologue masculin. S'ensuit une tirade dans laquelle la jeune femme prononce une phrase qui fait écho à ma propre histoire : « Personne ne voit mon cerveau ! J'en ai marre qu'on me prenne pour deux seins et un cul ! » Je m'identifie instantanément à ces mots. Ils resteront gravés en moi...

Vingt-deux heures, Dominique me rappelle :

« Bruce Toussaint est très intéressé mais ne peut pas prendre une telle décision sans en avoir parlé avec Marc-Olivier Fogiel, le directeur de la chaîne. Il doit me rappeler d'une minute à l'autre. Restera ensuite à définir le format : reportage ou interview plateau. »

J'écoute attentivement. Docilement. Je prends conscience de l'ampleur de ce que je m'apprête à faire. Si la direction de BFM doit être consultée pour donner son accord – fait exceptionnel –, c'est que mon témoignage n'est pas anodin et doit être validé par les plus hautes sphères avant d'être rendu public. Les paroles d'Arnaud me reviennent en mémoire : « C'est un homme très protégé qui bénéficie de nombreux appuis, y compris politiques. »

Dominique ressent mon malaise et me demande :

« Es-tu certaine de vouloir y aller ? Rien ni personne ne t'y oblige. Sache que tu peux toujours changer d'avis.

– Non, je suis déterminée. Je flippe grave, c'est tout. Mais ma décision est prise. Si mon témoignage peut aider à ce que les prochaines générations ne subissent pas ces humiliations, j'aurai réussi ma mission. »

J'imagine que Florence Hardouin, alors sur la sellette à la FFF, ne doit pas en mener large non plus. Cliente mais aussi amie de Dominique Rouch, je me doute bien qu'elle est au courant de ce qui se trame. Elle s'en réjouit probablement puisque mon intervention peut l'aider à conserver son poste. En effet, ma prise de parole a toutes les chances d'asséner le coup final à un président déjà à l'agonie. Or, ce dernier veut la tête de sa directrice. S'il « tombe », il sera remplacé par Philippe Diallo avec lequel Florence Hardouin entretient d'excellents rapports. Elle pourra donc avoir l'espoir de sauver sa peau grâce à lui. Mais que les choses soient claires : je ne prends pas le risque d'exposer ma carrière et ma famille pour aider une femme que je ne connais pas et à qui j'ai parlé une fois dans ma vie.

Depuis ma plus tendre enfance, j'ai toujours eu en moi ce côté rebelle, justicière, à vouloir toujours protéger les plus démunis. Un instinct presque animal qui me fait foncer tête baissée au risque de me prendre un mur. Dans d'autres circonstances, j'aurais pu vouloir aider Florence Hardouin car je suis une personne sensible et empathique, mais les enjeux et les risques pour moi et mes proches sont bien trop nombreux et importants. Je n'ai donc aucune honte à dire aujourd'hui que l'avenir professionnel de Florence Hardouin m'importe peu ; ce que je fais, je le fais uniquement pour moi.

J'ai besoin d'accoucher de ces souvenirs qui me hantent, me soulager de ce poids.

Au terme d'une longue soirée de négociation, BFM nous confirme son vif intérêt pour un sujet de trois minutes qui sera enregistré dès le lendemain pour une diffusion le mardi matin, le 10 janvier, jour de l'audition. Pour que la couverture médiatique soit totale, Dominique sollicite également le journal *L'Équipe* pour un long entretien qui paraîtra le même jour. Nous choisissons deux journalistes en qui nous avons toute confiance : Guillaume Dufy et François

Verdenet. Les deux médias retenus se disputent à présent l'exclusivité de mon témoignage. Il sera convenu que le quotidien sera prioritaire. BFM s'engage donc à diffuser mon interview, le lendemain matin, une fois l'article publié.

Tout est calé. Il ne me reste plus qu'à prendre mon billet d'avion, préparer ma valise et celle de ma fille pour nous rendre à Paris, lundi dans la matinée. Le rendez-vous avec BFM est prévu à 16 heures au domicile de Dominique, suivi du journal *L'Équipe* à 18 heures, au même endroit.

Dire que je suis stressée à ce moment-là est un doux euphémisme. Rajouter la compagnie d'un bébé de 6 mois sous le bras n'arrange rien à la situation. Je n'ai pas le choix, j'ai choisi d'allaiter mon enfant et elle n'en finit pas d'en redemander, de jour comme de nuit. Mais sa présence, lors de ces journées éprouvantes, est au contraire une véritable bénédiction. Son énergie me permet de relativiser et de me porter. Sans elle à mes côtés, je ne sais pas si j'aurais trouvé le courage et la force d'aller au bout, ni de relativiser cette situation surréaliste.

Je passe de longues heures à réfléchir à ce que je vais dire. Je ne dois pas me planter. Je compte sur Dominique et Arnaud, experts en communication, pour me conseiller car chaque mot doit être pesé, réfléchi et dénué de toute ambiguïté.

Je profite de ce dimanche soir en famille pour décompresser avant d'affronter la tempête médiatique qui s'annonce. Mais un événement inattendu se produit quelques heures plus tard. Au lendemain de la prolongation du contrat de Didier Deschamps à la tête de l'équipe de France jusqu'en 2026, Noël Le Graët s'exprime au micro de la radio RMC. Interrogé par le journaliste sur les rumeurs qui lient Zidane au poste de sélectionneur du Brésil, le président indique « qu'il n'en a rien à secouer ». « Je ne l'aurais même pas pris au téléphone », rajoute-t-il aussi à propos de négociations potentielles avec Zidane en cas de non-renouvellement du contrat de Didier Deschamps. C'en est trop ! On ne s'attaque pas à une icône ! Ces propos font réagir bien au-delà de la sphère sportive. Dans les minutes qui suivent, la ministre des Sports, Amélie Oudéa-Castéra, exige des excuses, critiquant sur Twitter « des déclarations à nouveau hors sol ». Des élus de tous partis y vont de leurs condamnations. Kylian Mbappé enfonce le clou : « Zidane, c'est la France. On ne manque pas de respect à la légende comme ça ! » La démission du président est alors réclamée. Quant à moi, je me dis qu'il a définitivement perdu la tête et que la FFF mérite un leader respectueux et exemplaire qui sait vivre avec son temps. Cela légitime encore plus ma décision de témoigner.

Face à la polémique, le patron de la Fédération française de football reconnaît des « propos maladroits » concernant Zinédine Zidane et lui présente ses excuses dans un communiqué. Mais le mal est fait. Quant à moi, j'attends toujours ses excuses. Je ne suis peut-être pas Zidane, mais moi aussi je suis la France !

C'est dans cette conjoncture explosive que j'atterris à Paris le lundi 9 janvier avec mon bébé. Déterminée mais pas vraiment sereine. J'ai bien conscience que je vais me coller une nouvelle étiquette. Après celle de Miss, je deviendrai celle qui a dénoncé Noël Le Graët. Bingo ! Lorsqu'on tape aujourd'hui mon nom sur Google, les premières pages ne sont consacrées qu'à cette affaire.

J'arrive au domicile de Dominique, un peu en avance pour un coaching express. J'ai besoin de reprendre avec elle les éléments de langage, la posture que je dois adopter, le ton, etc.

L'équipe de BFM se présente à l'heure prévue ; deux femmes, dont Sonia Carneiro – une brillante journaliste sportive – que j'ai déjà rencontrée. Si elle navigue dans ce milieu, elle doit connaître le problème, me dis-je pour tenter de me rassurer. J'espère qu'elle me comprendra. Je confie ma petite fille à Dominique le temps de l'interview, m'installe sur le canapé face à la caméra. C'est parti :

« Expliquez-nous pourquoi vous avez décidé de parler aujourd'hui », me demande la journaliste.

Avant de répondre à la question, je tiens à remonter quelques années en arrière afin de lui faire comprendre tout le chemin parcouru pour devenir agent. Je raconte mon histoire, me remémore mes débuts, l'obtention de ma licence, les désillusions, les succès, ce travail de longue haleine avant d'être enfin reconnue par mes pairs.

Je marque une pause pour m'assurer que ma fille va bien. L'empathie que je perçois dans le regard des jeunes femmes m'encourage. L'interview reprend.

« Pouvez-vous me raconter ce que vous avez vécu le jour où vous vous êtes rendue au domicile de Monsieur Le Graët ? »

J'appréhendais cet instant où je devrais raconter en détail les émotions par lesquelles je suis passée : la fierté d'être reçue par le président de la FFF, l'espoir de voir se concrétiser mes idées, la stupéfaction face à son indifférence puis l'effondrement en découvrant les raisons pour lesquelles il m'avait invitée chez lui. Les souvenirs enfouis remontent... Submergée par l'émotion, je laisse échapper quelques larmes, me reprends puis, après une relance de la journaliste, m'entends conclure sans avoir préalablement réfléchi : « Mon président m'a vue comme deux seins et un cul ! » Je me surprends à répéter mot pour mot cette fameuse phrase qui m'avait tant marquée. Les deux jeunes femmes qui se tiennent face à moi restent muettes. Elles termineront l'entretien sur ces mots.

À peine ont-elles franchi le pas de la porte que je me précipite sur ma fille. J'ai besoin de la sentir, de la prendre contre moi. Je l'allaite pour m'apaiser. Retrouver un second souffle avant l'arrivée des journalistes de *L'Équipe*.

J'attends impatiemment le débrief de mon interview.

« Qu'est-ce qui t'a pris de dire qu'il t'avait vue comme "deux seins et un cul" ? me demande Dominique hilare.

– Je ne sais pas, dis-je, en riant moi aussi. Cette phrase est probablement restée bloquée dans mon inconscient. Elle est ressortie sans que je ne le décide.

– Es-tu consciente qu'elle sera reprise partout et en gros titre dans les journaux ? C'est ce qu'on appelle une "punchline" dans notre jargon. »

Dominique ne se trompera pas. Cette expression fera le tour des médias télévisés et des magazines de presse écrite. Après Miss Auvergne, je deviens donc « deux seins et un cul ». À quand simplement l'agent sportif FFF, la professionnelle qui se démène depuis des années pour exister dans ce monde ultra-concurrentiel et masculin… ?

Les journalistes de *L'Équipe*, Guillaume Dufy et François Verdenet arrivent à 18 heures. L'atmosphère est plus détendue, je me sens en confiance. Mais ma fille ne cesse de pleurer. Elle a faim. Elle ne supporte pas que je cache son visage lors de l'allaitement. Extrêmement gênée, je préviens ces messieurs et la nourris. Pères, tous les deux, ils semblent attendris par la scène. L'interview commence et se déroule à l'identique ; l'émotion, les larmes, la colère et cette même phrase qui revient : « Mon président me voit comme deux seins et un cul. » Les journalistes semblent acquis à ma cause. Il faut dire que la dernière bourde du président sur Zidane m'a considérablement aidée car elle a fait de lui l'ennemi public numéro 1 dans le football français.

Il est 20 heures, François et Guillaume doivent rentrer au journal pour écrire l'article afin qu'il soit publié dans les temps. Malgré le lien de confiance et d'amitié qui nous unit aux deux journalistes, je demande à relire le papier avant publication. Je sais qu'au nom de la liberté de la presse, ça ne se fait pas mais les garçons se montrent compréhensifs et, exceptionnellement, acceptent. Nous recevons l'article à 22 heures et le validons. Mais à peine une heure plus tard, une alerte info BFM s'affiche sur mon téléphone. Je lis : « Affaire Le Graët : le témoignage exclusif de l'agent Sonia Souid ». L'engagement d'attendre la publication de l'article de *L'Équipe* avant de diffuser ma prise de parole n'a pas été respecté. Certains de mes propos tournent déjà en boucle sur la chaîne d'informations. Le journal, pris de court, se voit contraint de publier l'article au même moment sur son site Internet, ce qui n'était pas prévu. La bombe est lancée. Je crains les retombées. En effet, le lendemain, c'est l'explosion. Mon interview passe en continu sur BFM, elle est reprise sur toutes les chaînes. Les médias de presse écrite et de radio s'emparent du sujet. Les journalistes appellent en nombre pour m'inviter sur leur plateau, pour témoigner encore. Je refuse. J'ai dit ce que j'avais à dire. C'est terminé. Les retours sont, pour la plupart, bienveillants. La ministre des Sports twitte : « Bravo

Sonia pour le courage de votre témoignage. Notre audit en sera digne. À très bientôt. » Elle m'écrira personnellement un peu plus tard pour me féliciter :

> *Bravo Sonia pour votre témoignage et votre courage. Tellement fière de vous. Notre audit sera digne de votre engagement exemplaire pour un football lavé des plus graves errances à sa tête. La mission vous fera signe dès demain. À bientôt. Bien respectueusement.*

Je reçois des messages de soutien de certains présidents de club, de collègues et d'amis. Mes craintes d'être insultée et traînée dans la boue s'amenuisent au fil de la journée. Pas un mot plus haut que l'autre ne s'affiche sur mes réseaux sociaux, ni sur mon téléphone à l'exception d'un message qui me laisse sans voix ; celui d'un collègue appartenant comme moi au syndicat des agents sportifs :

> *Sonia, tu as toute ma sympathie mais je ne vois pas en quoi on devrait blâmer Le Graët d'avoir voulu te mettre dans son lit ; j'avoue que la même idée m'a traversé l'esprit la première fois que je t'ai vue.*

Il est immédiatement recadré par plusieurs agents sportifs FFF dont le président du syndicat. Un peu plus tard dans la journée, Florence Hardouin et Noël Le Graët sont auditionnés par les enquêteurs de l'Inspection générale de l'éducation, du sport et de la recherche (IGÉSR) dans le cadre de l'enquête relative à la Fédération française de football. Suite à mon interview, je suis également convoquée par les inspecteurs dès le lendemain.

Deux hommes et une femme me reçoivent dans un bureau plutôt exigu. Ils m'invitent à prendre place face à eux. Pour ne pas déroger à mes habitudes, je suis accompagnée de ma fille, très calme ce jour-là. Je raconte une fois de plus mon histoire, mais cette fois, avec plus de détails jusqu'au moment où l'un des enquêteurs me demande :

« Avez-vous un lien avec Zinédine Zidane ?

– J'aimerais bien mais non », dis-je du tac au tac, avec un léger sourire.

Je me demande bien pour quelle raison ils cherchent à savoir si je connais le footballeur. Quel lien établissent-ils entre cette affaire et lui ? Je suis curieuse d'en savoir davantage.

« Vos déclarations ayant été diffusées le lendemain des propos malheureux de Monsieur Noël Le Graët au sujet de Zidane, me dit un enquêteur, nous voulons avoir la certitude que vous n'avez pas manœuvré pour aider le champion du monde à prendre la place de l'actuel sélectionneur de l'équipe de France, Didier Deschamps. »

Il fallait y penser !

L'interrogatoire se poursuit. J'évoque un point qui me paraît essentiel dans cette histoire : l'abus de pouvoir.

« Je tiens à vous informer que je suis agent FFF, ma Fédération – et donc son président – a le pouvoir et le droit de me retirer ma licence et de m'empêcher de travailler, dis-je en préambule à ma démonstration. Si demain je croise un vieux monsieur dans la rue, du même âge et avec le même physique que Noël Le Graët, pensez-vous une seconde qu'il oserait m'aborder en pensant qu'il a sa chance ? Bien sûr que non. Si Noël Le Graët a pensé qu'une relation intime avec moi était possible, est-ce parce qu'il se croit être le sosie de Brad Pitt ? »

J'essaye de masquer mon stress par l'humour. C'est comme ça depuis toujours. Les auditeurs ne peuvent d'ailleurs pas s'empêcher d'esquisser un sourire. Je poursuis : « C'est parce qu'il est président de la FFF et moi, jeune agent de 29 ans à l'époque ! Ça s'appelle de l'abus de pouvoir tout simplement. »

Et pour conclure, je rajoute : « C'est un monsieur très fin, très intelligent qui ne laisse aucune trace. Il ne commet jamais la faute qui pourrait le piéger. Sa seule erreur, c'est ce message vocal qu'il m'a envoyé parce qu'il était sous l'emprise de l'alcool. Ce message était clair, son intention aussi. »

Mon audition est terminée. Je signe le rapport puis quitte le bureau. Je commande un taxi, direction l'aéroport Roissy-Charles-de-Gaulle. J'ai hâte de retrouver mon fiancé et notre fils.

Quelques minutes plus tard, un véhicule noir s'arrête devant moi, j'ouvre la portière et m'installe à l'arrière. Je suis épuisée et en même temps si fière d'avoir accompli ma mission ! Un sentiment de bien-être s'empare de moi. Je tiens la petite main de mon bébé endormi dans le siège auto à côté de moi. Je me surprends à rêvasser. Après tant de stress, mon esprit a besoin de se reconnecter à quelque chose de positif. Je repense à ces derniers jours et, comme à mon habitude, me pose mille questions existentielles. Mais au fond, je reste fataliste. Tout est écrit, je crois à mon destin. Ce qui doit arriver, arrivera. Bercée par le bruit du moteur, j'en profite pour fermer les yeux et savourer enfin ce moment de répit. J'ignore encore que le pire reste à venir.

Le 11 janvier, à l'issue d'un comité exécutif extraordinaire à la FFF, Florence Hardouin est mise à pied à titre conservatoire. Sous le choc, elle sera victime d'un infarctus quelques minutes après avoir appris la nouvelle.

Noël Le Graët, lui, est mis en retrait. Il laisse sa place à Philippe Diallo qui assurera l'intérim, mais le patron de la FFF promet de reprendre sa place s'il est blanchi par les conclusions de l'audit. Dans le cas contraire, il se résoudra à démissionner.

Quelques jours plus tard, le 17 janvier, le parquet de Paris annonce l'ouverture d'une enquête préliminaire pour harcèlement moral et sexuel visant le dirigeant breton. Les investigations sont confiées à la brigade de répression contre la délinquance aux personnes. Cette enquête fait suite à un signalement « article 40 » de l'IGÉSR qui se base sur les nombreux témoignages à charge.

« L'audition de Sonia Souid semble avoir fait basculer l'affaire », peut-on lire en gros titre dans les journaux. Je deviens alors celle par qui le scandale est arrivé, celle qui a « fait tomber » le président de la Fédération française de football. L'article est accrocheur mais faux. Comme je l'ai dit précédemment, Noël Le Graët était accablé de toutes parts depuis un certain temps déjà, en raison de ses multiples « sorties de route » ainsi que de nombreux récits l'accusant de comportements inappropriés. Ma seule parole n'aurait pas suffi à provoquer sa chute. Sans le soutien des autres femmes, je n'aurais pas réussi. Mon témoignage l'a simplement achevé.

Des torrents de mensonges se déversent sur moi dans le seul but de discréditer mon histoire. Pour salir ma réputation, on me prête des aventures avec certains présidents que je ne nommerai pas, par respect pour eux. Et quand bien même, ces rumeurs se seraient révélées vraies ? Auraient-elles fait de moi une menteuse ? Une salope ? Une opportuniste ou je ne sais quoi encore ? Même si j'avais eu des aventures avec tous les présidents de la planète, en quoi cela les regarde-t-il ? Je fais ce que je veux de mon corps ! Je n'ai de comptes à rendre à personne si ce n'est à l'homme qui partage ma vie et avec lequel j'ai décidé de fonder une famille !

Dans le même temps, le monde du sport subit une hécatombe. Bernard Laporte, le président de la Fédération française de rugby, démissionne, Jean-Philippe Gatien, le directeur des Sports de Paris 2024, fait de même. Dans la foulée, Aline Riera, membre du comex de la FFF, accuse Noël Le Graët de comportements déplacés envers elle et envers la sélectionneuse de l'équipe de France féminine, Corinne Diacre. Malgré les scandales dont il fait l'objet, le président résiste, s'accroche à son poste et tente par tous les moyens de s'en sortir.

Un matin, alors que je me réveille tranquillement, la sonnerie de mon téléphone me tire de ma somnolence. Je déverrouille l'appareil puis écoute le message de l'un de mes amis :

« Noël Le Graët a commencé sa contre-attaque. Il nie farouchement tout ce qui lui est reproché, mais le pire, c'est qu'il contacte ton entourage pour recueillir des infos sur toi dans le but de te décrédibiliser. »

En effet, ce dernier a pris contact avec Amandine Henry, l'une de mes joueuses ainsi qu'avec mon client, Patrice Lair. Par la suite, un journaliste du quotidien breton *Le Télégramme* a contacté Patrice. Je relate ici leur conversation :

« Le jour où Sonia Souid vous a signé à Guingamp, vous avez dîné ensemble. Bertrand Desplat, président du club mais aussi gendre de Noël Le Graët était présent. Elle serait repartie avec lui et aurait couché avec lui, affirme le journaliste.

– Je ne connais pas sa vie privée, répond Patrice. Cela ne m'intéresse pas car elle est mon agent. Ce que j'ai vu, c'est qu'elle est montée dans la voiture de Patrick Esteves, son associé, et ils sont rentrés à Paris le soir même. »

Je m'attendais à ce torrent de boue. Je suis prête à l'affronter.

Début février, l'IGÉSR remet à la ministre des Sports, Amélie Oudéa-Castéra, son rapport d'audit. Il est accablant. Les conclusions des inspecteurs sont sans appel : « Noël Le Graët n'a plus la légitimité nécessaire pour administrer et représenter [le football français]. » En cause : un « exercice de pouvoir très centralisé », « une consommation excessive d'alcool », « des dérapages médiatiques », un « comportement inapproprié vis-à-vis des femmes » et « les défaillances de la gouvernance de la FFF ».

Quinze jours plus tard, le 28 février, le président de la FFF, pris à la gorge, présente enfin sa démission à son comité exécutif.

À l'annonce de cette nouvelle, je ne ressens rien : ni joie, ni peine, seulement un sentiment de profonde désolation en pensant au grand dirigeant qu'il a été. Comment un homme aussi brillant et au parcours si prestigieux s'est-il gâché à ce point ?

Noël Le Graët a incarné le renouveau du football français, alors largement plombé par le fiasco des Bleus à Knysna en Afrique du Sud lors du Mondial 2010, en nommant Laurent Blanc puis Didier Deschamps à la tête de l'équipe de France masculine.

Depuis son accession à la présidence de la Fédération, il a multiplié les succès et les réalisations. Il a réussi à stabiliser puis à augmenter considérablement les revenus de la FFF grâce à sa gestion des droits télévisés. Il a été un fervent promoteur du football féminin. Durant son mandat, la France a accueilli la Coupe du monde féminine de la FIFA 2019, un événement qui a connu un grand succès et a contribué à la popularisation de ce sport chez les femmes. Enfin, il est, aux côtés du sélectionneur de l'équipe de France, l'artisan de succès sportifs inoubliables avec la victoire de la Coupe du monde 2018 en Russie, la Ligue des Nations de l'UEFA en 2021, sans oublier le titre de finaliste de l'Euro 2016. Des performances qui, outre les revenus sur les licences des deux millions de footballeurs amateurs, ont fait monter les droits télé, boosté la billetterie et le merchandising et attiré d'importants sponsors comme Nike, KFC, Orange, Volkswagen ou encore Xbox.

Ainsi, 274,2 millions d'euros sont rentrés dans les caisses lors de la saison 2021-2022. Un résultat historique. Sous sa présidence, la Fédération française de football a rayonné dans le monde entier.

Je ne me réjouis pas de cette triste fin de règne. J'ai la certitude d'avoir fait mon devoir ; qu'il parte ou qu'il reste ne change rien à ma vie. J'ai juste ma conscience en paix.

Je m'attends maintenant à ce que ses avocats sortent l'artillerie lourde. Je n'ai plus qu'à revêtir un gilet pare-balles et me protéger comme je le peux. La riposte ne tarde pas à arriver. Dans un entretien accordé au journal *L'Équipe*, Noël Le Graët réfute mes accusations tout en me taxant de « témoin miraculeux » : « On voit bien que c'est un coup et qu'il a été monté », déclare-t-il. Son avocat en rajoute une couche lors d'une émission télévisée : « Il y a des choses sur lesquelles elle ment et il y a des choses sur lesquelles elle dit la vérité. Elle ment sur un point, elle dit que c'est son président, cela n'a jamais été son président. Elle n'a jamais travaillé à la FFF. Elle n'y a jamais été salariée. Sur les messages reçus, elle le reconnaît dans sa double interview, il n'y a aucun message à contenu sexuel, elle interprète un certain nombre de messages. Quand il lui envoie ses vœux pour le Nouvel An, cela se termine par ces mots : “repassez-moi un petit coup de fil si vous le souhaitez”. C'est du harcèlement ? Non. C'est un comportement approprié quand on a de l'intérêt pour quelqu'un. Il y a une dizaine d'années, Madame Souid a eu des idées novatrices. Elle a été la première à proposer de nommer une femme entraîneuse d'une équipe de football de garçons. Monsieur Le Graët a trouvé que ses idées étaient bonnes, il voulait développer le football féminin, donc il l'a invitée. Il a essayé de la fréquenter intellectuellement pas sexuellement. »

Me « fréquenter intellectuellement », non mais ils sont sérieux ? Peut-on vraiment fréquenter quelqu'un intellectuellement après avoir bu trois bouteilles de champagne ? Je suis indignée. Je m'étais juré de ne plus m'exprimer mais en prenant connaissance de ces déclarations, mon sang ne fait qu'un tour. J'accepte sans hésiter l'invitation de France Info qui me demande de réagir à ces attaques : « Entendre que mon témoignage était un coup monté m'a fait très mal ! Quand il y a coup monté, il y a quelque chose à gagner. Qu'est-ce que j'aurais eu à gagner à part risquer de compromettre ma carrière et ma réputation ? » L'éventualité de porter plainte commence à présent à germer dans ma tête.

Les mois passent. L'affaire de la Fédération s'éloigne, laissant place à de nouvelles actualités. Le nom de Noël Le Graët tombe peu à peu dans les oubliettes, le mien aussi. Je reprends ma vie là où je l'avais laissée sauf qu'elle n'est plus tout à fait la même. Cette histoire a laissé des traces. Comme l'avait prédit Arnaud, ma prise de parole a impacté ma vie professionnelle. Certaines personnes avec lesquelles je travaillais depuis des années se sont séparées de moi. Mon nom, aujourd'hui associé à ce scandale, m'a fermé des portes, entre autres, celles du club de Guingamp, fief de l'ancien patron du foot français. Ma présence semble également indésirable dans certaines manifestations officielles selon le nouveau président de la Fédération française de football. Dominique, quant à elle, a aussi pris cher. Parce qu'elle a mené ce combat à mes côtés, parce qu'elle a conseillé l'ex-directrice générale, les portes de la Fédération ainsi que celles du centre technique de Clairefontaine lui ont été fermées. Pire encore, quand Florence Hardouin – qui se prétendait être son amie – a empoché ses indemnités de départ, elle lui a tourné le dos du jour au lendemain. Dominique lui était tout simplement devenue inutile.

Nous savions à quoi nous nous exposions, nous y sommes allées quand même. Nous ne regrettons rien. Elle comme moi avons su rebondir encore plus haut, encore plus fort.

Le 26 décembre 2023, je suis convoquée en qualité de témoin et/ou de victime potentielle dans le cadre de la procédure diligentée du chef de harcèlement sexuel et moral. Les questions que les policiers me posent ne me surprennent pas : « Comment avez-vous rencontré M. Le Graët ? Décrivez-nous la nature de vos relations.

Est-ce que M. Le Graët a sollicité explicitement des faveurs sexuelles ? » Je ne déroge pas de ma version initiale. Une question, cependant me fait sourire intérieurement :

« Madame Souid, lors de votre audition auprès de l'IGÉSR, vous avez déclaré que les seules choses qui intéressaient M. Le Graët étaient "vos deux seins et votre cul" ; comment cela se caractérisait-il ? »

Si l'on m'avait dit, le soir où j'ai regardé cette fameuse série, que cette phrase deviendrait culte ! Encore aujourd'hui, deux ans après, elle fait l'objet de franches rigolades avec Dominique lorsque nous nous remémorons cette période.

Après plus d'une heure d'entretien, le brigadier me lit le texte de loi définissant le harcèlement puis me demande si je souhaite porter plainte. Je comprends alors qu'il est inutile d'aller plus loin : le comportement du président n'entre pas dans ce cadre.

« Non, je ne le souhaite pas. »

Suite à mon audition et comme prévu, le comportement de M. Le Graët ne sera pas qualifié de harcèlement sexuel. L'article 222-33 définit le harcèlement sexuel comme le fait d'imposer à une personne de façon répétée des propos ou comportements à connotation sexuelle ou sexiste.

Dieu merci, je ne me suis retrouvée qu'une seule fois à son domicile. Quant au contenu de ses SMS, ils ne revêtaient pas de caractère sexuel. Bien trop malin M. Le Graët !

Malgré le retrait de la plainte pour harcèlement sexuel déposée par Mme Hardouin, l'enquête se poursuit et le 17 octobre 2024, le parquet de Paris rend sa décision : l'affaire est classée sans suite. Aucune infraction n'apparaît suffisamment caractérisée au terme des investigations.

Noël Le Graët est blanchi. Lorsque j'apprends la nouvelle, je ne suis ni déçue, ni étonnée. L'ex-président de la Fédération française de football ne pouvait pas être condamné car il n'est ni un violeur, ni un agresseur, ni même un prédateur sexuel. Il n'a jamais forcé personne, bien au contraire, il s'est toujours montré poli, courtois, parfois obséquieux pour parvenir à ses fins. Sa position sociale était son arme de prédilection et lui conférait un sentiment de toute-puissance et d'impunité totale. Il n'a pas compris que nous ne vivions plus dans les années 1970. Il a continué à se comporter et à penser comme à son époque, là où les hommes pouvaient disposer des femmes à leur convenance. Pour cet homme, draguer, insister lourdement, n'était pas un acte malveillant. C'est la raison pour laquelle il a toujours clamé son innocence en répétant à qui voulait l'entendre : « je n'ai rien fait de mal ». Parce que, pour lui, tant qu'il n'y a pas viol, il n'y a rien de bien méchant à traiter ainsi les femmes.

Des hommes qui ont cherché à me mettre dans leur lit, il y en a eu, il y en aura encore. M. Le Graët n'est pas une exception. S'il avait pris en compte mon travail quitte à ne pas adhérer à mes idées ou à rejeter mon projet sur le football féminin, s'il avait considéré l'agent que je suis, je n'aurais probablement pas autant souffert. Ce qui m'a profondément meurtrie, ce n'est pas seulement d'avoir été réduite à un objet de désir, c'est le mépris qu'il a manifesté pour mes compétences. Il a effacé en quelques minutes les années de combat que j'ai dû mener pour en arriver là. Il m'a niée. Je ne représentais pour lui qu'une silhouette, un corps sans âme ni cerveau, une opportunité à saisir dans la pénombre de son appartement.

Conclusion

Tu dois diriger, mais tu ne dois pas imposer tes idées…

Tu es censée aimer être mère, mais ne parle pas trop de tes gosses…

Ta carrière doit être ta priorité, mais tu dois aussi t'occuper des autres en permanence…

Quand je vois qu'on passe notre temps à faire des efforts. Que chacune de nous, les femmes, se met dans tous ses états pour être simplement considérée…

Tu dois te justifier quand un homme se comporte mal […] mais si tu le dénonces, on t'accuse de te victimiser…

Tu dois toujours te faire belle pour les hommes, mais pas trop car sinon tu es une allumeuse ou une menace pour les autres femmes…

Il faut trouver un moyen de repousser les avances des hommes sans blesser leur ego car si tu leur dis oui, tu es une salope, mais si tu leur dis non, c'est que tu es coincée.

Phrases tirées du film *Barbie* (2023).

À ce triste état des lieux qui reflète parfaitement la société d'aujourd'hui, je réponds :

Touche pas à mon QI !

Lorsque je regarde en arrière, je me dis que rien ne m'est arrivé par hasard. Chaque succès, chaque échec, chaque lutte et chaque triomphe sont inscrits en moi et m'ont construite. Ma réussite professionnelle, je la dois avant tout à moi-même. À ma ténacité, à mon travail et à mon cerveau.

Il ne m'a pas été facile de m'imposer dans le monde du football. J'ai très vite compris que mon statut de femme serait perçu comme un handicap. Ce milieu dominé par les hommes n'était pas prêt à m'accueillir à bras ouverts, il m'a abîmée, et je dois reconnaître y avoir laissé quelques plumes. Mais ces cicatrices que je porte en moi m'aident aujourd'hui à être plus vigilante et à me protéger de ces redoutables adversaires que sont le sexisme et les préjugés. Je continuerai de les combattre avec détermination.

Mes premières années ont été éprouvantes. Chaque décision que je prenais était scrutée, chaque erreur amplifiée, chaque succès minimisé. Je me suis forgé une armure contre les remarques désobligeantes et les jugements injustifiés mais surtout, j'ai utilisé chaque obstacle comme une opportunité d'apprendre et de grandir.

Je me souviens encore des premiers exploits que j'ai réalisés. Ces moments de grâce où l'on oublie l'adversité. J'étais enfin à ma place non pas en tant que femme mais en tant qu'agent. Ces prouesses ont commencé à changer la perception des autres à mon égard. Petit à petit, j'ai gagné le respect de mes collègues et même de mes adversaires. Cependant, cette reconnaissance professionnelle ne suffisait pas à gommer les stéréotypes ancrés dans les esprits.

C'est en échangeant avec d'autres femmes évoluant dans différents domaines que je me suis rendu compte que nous étions très nombreuses à souffrir de ces situations humiliantes. Infirmières, professeures, avocates, actrices, journalistes, fonctionnaires, sportives de haut niveau... Aucune profession, aucun milieu n'est épargné. C'est aussi en repensant à Marie Portolano, cette journaliste sportive reconnue qui, lors d'un entretien professionnel, s'est entendu dire, malgré sa brillante carrière, par l'homme qui la recevait : « J'ai vu votre documentaire, alors je me suis dit, c'est formidable, cette fille a aussi un cerveau », que j'ai pris conscience de l'étendue de ces préjugés. Cette phrase qui se voulait sans doute un compliment révélait combien l'idée que les femmes dans le sport puissent être intelligentes était encore surprenante pour certains. Son ouvrage *Je suis la femme du plateau*, écrit en réponse à des expériences similaires, m'a profondément touchée. Comme elle, je me suis retrouvée à devoir prouver que j'étais un être à part entière, capable de réflexion et de décision, au-delà de mon apparence physique ou de mon genre.

Ce chemin semé d'embûches m'a, malgré tout, apporté une certitude : celle que j'y arriverais. C'est cette intime conviction qui m'a permis de ne jamais baisser les bras et de continuer à avancer même lorsque tout semblait perdu. Elle m'a permis de transformer chaque doute en motivation, chaque échec en apprentissage.

Aujourd'hui, en écrivant ces mots, je ressens une immense fierté. Pas seulement pour mes succès mais pour la personne que je suis devenue. Une femme forte, résiliente et accomplie qui a su trouver sa place dans un milieu souvent hostile. Ma réussite n'est pas simplement professionnelle ; elle est aussi personnelle, ancrée dans chaque défi relevé, chaque préjugé combattu, chaque victoire remportée.

Et alors que je regarde vers l'avenir, je sais que la route est encore longue, mais je suis prête. Prête à continuer à me battre, à inspirer d'autres femmes, à montrer que nous avons non seulement un corps mais aussi un cerveau et que nous sommes tout à fait capables de réaliser nos rêves.

Remerciements

Punaise ! Que je redoutais ce moment ! Pas parce que je n'aime pas dire merci. Bien au contraire. Je suis une éternelle reconnaissante. Chaque jour, je remercie Dieu tout-puissant, la vie et toutes les personnes bienveillantes croisées sur mon chemin. C'est juste que, me poser pour la première fois devant une page blanche et me prêter à cet exercice, est émotionnellement très difficile pour moi. Pour me réconforter et m'inspirer, je peux toujours compter sur la présence de mes Malabars saveurs barbe-à-papa et sur le gros paquet de lingettes – qui me sert habituellement à changer les couches de mes enfants – pour essuyer mon visage embué de larmes ! J'ai chialé tout du long... Et j'incite tout le monde à le faire au moins une fois dans sa vie ! Ça fait un bien fou !

Tout d'abord je tiens à te remercier toi, oui, oui toi, la personne dingo qui est en train de lire ces mots. Maintenant que tu as pris connaissance d'une bonne partie de ma vie, je suis en droit de te tutoyer, non ? Un grand merci à toi. Que tu aies aimé ou détesté ce livre, ma personnalité, ma gueule ou les trois, je prends ! Le pire pour moi serait ton indifférence. « Le contraire de l'amour, ce n'est pas la haine, mais l'indifférence. »

Même si je naissais mille fois, je choisirais mille fois de naître dans la même famille, la mienne. J'en suis tellement fière. À mes parents, Ratiba et Moncef, à la fois si différents et complémentaires, merci infiniment pour cet amour inconditionnel qui me porte et me booste tous les jours. Il réchauffe mon cœur. Merci pour votre éducation, merci d'avoir toujours su me protéger, de n'avoir jamais bridé mes ailes et de m'avoir donné l'élan dont j'avais besoin pour prendre mon envol. Merci de m'avoir montré l'exemple et inculqué les valeurs de notre double culture. Merci pour votre ouverture d'esprit. Quelle richesse ! Cette vie ne suffira pas pour vous remercier.

Être l'aînée d'une fratrie n'est jamais simple. Mais c'est le deuxième rôle de ma vie que je chéris le plus après celui de maman. À mon frère, mon complice de toujours. Celui qui me connaît certainement le mieux. Nous avons traversé toutes les étapes de nos vies ensemble. Nous n'avons pas besoin de parler pour nous comprendre. Merci pour ton soutien infaillible. Merci pour mon petit neveu et ma petite nièce, je les aime si fort. En revanche, débilos, je ne te remercie pas de m'avoir pissé dessus dans le bain lorsque nous étions petits et d'avoir écrasé mon chaton par accident alors que tu n'avais que trois ans ! J'ai sincèrement voulu te tuer ce jour-là. Paix à l'âme de mon petit Prince.

À ma petite sœur, treize ans d'écart, ça en fait des années ! On peut dire que nos darons ont pris leur temps. Mais le résultat valait le coup d'attendre ! Tu es mon premier bébé. J'aimerais avoir le pouvoir de remonter le temps ne serait-ce qu'une fois jusqu'à cette soirée magique au cours de laquelle nous avons traversé Paris main dans la main, de la place de l'Étoile à la Nation. Tu n'avais que neuf ans, nous étions arrivées en retard pour choper le dernier métro. N'ayant pas les moyens de nous offrir la traversée en taxi, il ne nous restait plus qu'à marcher. Tu étais sous ma responsabilité et j'avais déconné. Tu n'avais rien à faire dans la rue à cette heure-ci. À me foutre des claques ! Mais ces trois heures de marche à redécouvrir les sublimes lumières de la plus belle ville du monde à tes côtés resteront gravées en moi jusqu'à mon dernier souffle. J'ai bien conscience que les ampoules sur ton petit pied le resteront moins.

Samy et Sarah, grâce à vous je ne me sentirai jamais seule. Les 3SS, nous sommes comme les doigts d'une main. Inséparables.

Ça y est, j'ai déjà plus de lingettes ! Je m'affiche devant tout le monde dans ce café où j'écris. Mais ce n'est pas grave. C'est pour la bonne cause ! Et puis personne ne me connaît ! Lol.

On enchaîne avec un autre très gros morceau. Ma meilleure moitié, mon âme sœur, l'homme de ma vie, David. Mon couteau suisse. Mon meilleur ami, mon pilier, mon amour, mon amant, mon conseiller, mon psy et papa de nos deux petites terreurs. Ça en fait des choses ! Ce 15 octobre 2013 est le premier jour du reste de ma vie, du reste de nos vies. Merci d'illuminer notre quotidien, de me rendre meilleure. Je t'aime. Et merci pour notre famille recomposée, ton ex-femme, oui celle à la grosse poitrine, devenue depuis la marraine de notre fils et une amie très chère. Nous formons avec votre fille, ma belle-fille, la famille loufoque de mes rêves !

À mes enfants. Mes précieux... La prunelle de mes yeux. C'est comme si la maternité m'avait dotée de nouvelles lunettes de vue. Pourtant je n'étais pas complètement bigleuse avant que mon cœur n'explose d'amour en ce jour d'été 2020. Mais grâce à vous, tout est beaucoup plus coloré et doux aujourd'hui. J'ai enfin réussi à me centrer sur moi-même, à tout relativiser, à remettre les choses dans leur contexte. Je suis à la fois plus forte et plus fragile que jamais. Vous êtes ma boussole, le phare dans l'océan tourmenté de mon esprit. Je ne serais rien sans vous. Votre vie pour la mienne. Je suis tellement mordue de vous que j'en arrive même à apprécier les gants de toilettes dont j'ai hérité après quatre ans d'allaitement ! Être votre maman est le rôle de ma vie, l'unique. Je vous aime jusqu'aux étoiles, jusqu'à la lune, jusqu'au soleil.

À mes grands-mères. Yamina et Fatma-Zohra. Deux femmes fortes. Deux femmes qui ont sacrifié leur vie pour leur famille. Grâce à vous, j'ai pris conscience très jeune de l'importance de l'école et la chance que j'avais de pouvoir y aller. Vous qui ne saviez même pas lire ni écrire. Petite, j'en avais honte. Je voulais vous prouver qu'une femme valait autant qu'un homme, qu'elle pouvait aussi bien réussir et accomplir de grandes choses. Vos parcours respectifs m'ont fait comprendre à quel point l'indépendance d'une femme était cruciale pour qu'elle puisse se sentir complètement libre de ses choix. Aujourd'hui je suis si fière de vous. J'ai compris que vous aviez fait au mieux avec ce que vous aviez. Vous m'avez tant inspirée. Vous êtes les deux guides de notre grande tribu, et je sais que vous veillez sur nous tous de là où vous êtes.

Cette famille haute en couleurs, riche en diversités, religions et cultures, vous êtes ma fierté. Vous êtes ma force, l'énergie inépuisable dans laquelle je trouve la motivation d'avancer et de me battre. Merci pour tout.

Bertrand Benoît, mon ange providentiel parti trop tôt et qui a changé ma vie pour le meilleur. Du fond du cœur, merci infiniment. Je souhaite à tout le monde de croiser un grand homme comme toi, un jour ou l'autre dans sa vie.

Patrick, mon spécial, impossible de te mettre dans une case car elle n'existe pas. Enfin, nous sautons un grand pas en créant notre propre agence. Je suis tellement fière du chemin parcouru, de notre complémentarité. Ensemble, nous pouvons gravir des montagnes et déjouer tous les pièges et toutes les difficultés. Ce n'est qu'un début. Et non, je ne retournerai pas repasser les chemises de mon mari ! Je ne sais même pas repasser sans me brûler… lol.

À Gwendoline, merci pour l'inspiration du titre de ce livre, merci d'avoir été la messagère de cette petite voix venue te susurrer ces mots à l'oreille. C'était écrit telle une évidence.

Je remercie Dominique Rouch d'avoir cru en ce livre, d'avoir même négocié pour moi. Négocier pour un agent, on peut dire que c'est loin d'être banal. Mais je dois reconnaître que ce fut fort agréable de se laisser porter pour une fois ! Merci pour ta patience, ton honnêteté. Merci d'avoir su retranscrire exactement ce que je ressentais. Je remercie également ma maison d'édition Solar et plus particulièrement Jean-Philippe et Didier pour leurs conseils avisés et bienveillants. Nous avons le même objectif : faire bouger les lignes !

À Pascal, Laurent et Miguel, merci pour votre confiance toutes ces années. Et il faut bien le dire, merci de m'avoir supportée ! Sans vous, je n'en serais pas là aujourd'hui.

À ma famille du football, à chacun d'entre vous, merci de m'avoir confié la gestion de vos carrières. Je mets toute mon énergie, ma passion et surtout mon cœur dans ce rôle si important à mes yeux. Que d'aventures plus ou moins inoubliables passées ensemble avec vos familles. Grâce à vous, j'ai l'impression d'avoir vécu plusieurs vies. Dans les bons comme dans les mauvais moments, cette solidarité m'emplit de joie et de fierté. Votre réussite est la mienne.

À toutes les personnes qui ont compté à un moment ou un autre lors de ces quarante années de mon existence et ont contribué à faire de ma vie cette mosaïque dont je ne changerais pas le moindre petit carreau, merci ! Je pense particulièrement à Romain, Baptiste, Christos, Sylvie, Dima, Silvia, Tiga/Soso, Christy, Julie-Chloé, Virginie, Emma, Mohammed, Ahmed, Bernard, Didier, Régine.

Et je pourrais en remercier bien d'autres mais mon éditeur risque de me taper sur les doigts. C'est que ça coûte d'imprimer autant de pages !

Table des matières

SOLAR

Direction : Didier Férat
Direction éditoriale : Jean-Philippe Bouchard
Édition : Corentin Bréhard
Couverture : Marina Delranc
Correction : Judith Lévitan
Mise en pages : Nord Compo
Fabrication : Emmanuelle Laine

#lisez! engagé
www.lisez.com
Pour plus d'information :
Imprimé sur du papier issu de forêts gérées durablement.

Achevé d'imprimer par
Normandie Roto Impression s.a.s.
N° d'impression : 2405655

Imprimé en France